赢面试

101种问答玩转面试难题

（美）迈克·贝克特尔博士◎著

付文博◎译

Wuhan University Press
武汉大学出版社

目 录 CONTENTS

/ 第三章 /

所有面试的必答题

/ 第四章 /

有关学业的问题

/ 第五章 /

你有丰富的工作经验吗

/ 第六章 /

具体的细节问题

/ 第七章 /

近期你在忙什么

/ 第八章 /

选择我们公司的理由

前言

当今社会，经济高速发展，这要求求职者能够充分发挥自身的主观能动性，将所有细节考虑周全，时刻准备冲出“牢笼”，顺利就业。现在，雇主不再为求职者规划职业蓝图，所以，作为求职者的我们就要为自己负责，规划好自己的职业生涯方向，为自己的人生掌舵。

——凯特·温德莱顿（Kate Wendleton）

本书从第一版面世到现在历经大约17个春秋。每一版的修订都与劳动力市场的变化紧密相关。劳动力市场的变化是不言而喻的，经历了从卖方市场（以求职者的根本利益为出发点）到买方市场（以招聘者的根本需求为出发点），再到卖方市场的循序变化，但是，作为本书的读者，也就是求职者的数量是逐年递增的，无论他们是怎样的年龄，拥有怎样的技能或者资质。

在本书付梓之前，我从未吹嘘过自己的面试技能，而且，在我的身上也经常发生与梦寐以求的工作失之交臂的情况。所以，当我一再犯某些不该犯的错误时，我决定利用一定的时间反省自我，将自己的经验和教训编辑成册，作为前车之鉴，希望朋友们不要重蹈覆辙。

雇主们都希望招聘到那种懂得如何实现自我管理的员工，他们多才多艺，自信、善于合作，就算是加班也能将工作完成得非常漂亮。你或许会高兴地笑出来，说："这就是我啊！"那么，恭喜！不过，如果你无法通过面试的话，你就没有证明自己的机会。

面试不是一件简单的事情，在当今社会尤其如此，劳动力市场的竞争非常激烈，公司领导往往很难在几乎同样优秀的应聘者中做出抉择，所以，面试的流程被拉得非常长，日复一日的面试与漫长的等待，相互交替。一个调查结果显示，大部分应聘者在成功斩获某个岗位前通常要接受至少6次面试的洗礼。

你要在非常短的时间内将自己所有的技能展示出来——在首轮面试中——这直接决定了你是否能够进入下一轮面试，也将最终决定你能否在这个岗位上大显身手。曾经，我在面试的过程中遇到了很多小挫折，我愿意将这些小秘密分享出来，旨在帮助大家获得机会，从容面试。

在面试中一展风采的秘诀

记住，面试和弹钢琴一样，想弹好一首曲子要经过多次反复的练习，面试也会在练习中表现得越来越好。我经历过的面试，无论是否成功，以及参与过的招聘都为我编写本书提供了大量宝贵的素材，正是这些经历为本书奠定了坚实的基础。我愿意将自己失败的经历分享出来，以免大家重蹈覆辙。如果你能深刻理解最极端的情况，那么在实战中你就能够做到百战百胜。

在面试的时候，你是否需要将本书提及的所有问题都回答一遍呢？当然不需要，至少在一次的面试中是这样的。不过，这个面试官不打算问的问题，不见得下一个面试官同样不会问。为什么？答案不好说。

怎样全面展示自己

一家公司的面试通常是一环接一环，这样安排的目的并不是要将你折腾得筋疲力尽，而是希望在最短的时间内做出最妥善的决定：是聘用，还是淘汰？也就是说，只要你知道招聘者所看重的具体内容，你就能够根据相应的标准给出自己的答案，同时也能减少自己的恐惧和紧张。

我希望你能够勇敢一些，将本书提及的问题作为基础，对自己进行深入的自我剖析。你要时刻做好独立思考的准备，而不是仅仅凭借感觉和经验来判断。

有面试，就一定有激烈的竞争，但是，面试不等同于比赛。在面试的时候，我们不要期望自己用最完美的答案打败其他的竞争者。实际上，我们要扮演的是艺术家的角色，将自己的个性特征以及处事原则等全面地展示出来，让面试官知道你是一个不可多得的人才，然后将你招入麾下。

第一章和第二章讨论的内容是在面试之前要完成的准备工作以及要周全考虑的细节性问题。面试准备工作不能直接决定面试的成败，但是会产生极大的影响。

第三章到第十章是本书的核心内容，也就是你要准备答案的问题以及面试官们希望听到的答案。（这里涉及的问题非常多，从主要问题到各个细枝末节，因此，我无法将所有问题都收入书中，不过，书中实际的问题数量已经远远超过书名中标注的101个。）每个问题的后面都有一些小标题：

面试官希望听到哪些内容？

（面试官探寻的信息是什么？）

| 绿灯（明智的回答是怎样的。）

| 红灯（不能接受的回答是什么。）

另外，其中有很多问题，我还为读者朋友们列举了面试官们可能会深入挖掘的内容，或者是努力探求希望得到的信息。

本书中的内容是根据类型进行分类的，所有内容没有前后主次的分别。比如，很多在第十章或者第八章出现的问题，可能在面试一开始的时候就被面试官提及了。所以，在阅读本书的时候，要根据自己的实际将书中提及的问题重新排序，以备不时之需。

虽然我在书中一直强调给出完美答案，但是，我并不鼓励大家按部就班或者生搬硬套我给出的答案。如果你将面试分成几个阶段，并将本书中给出的答案一成不变地应用到面试中，那么，面试就失去了其原本的意义，而本书也就失去了它的价值。在书中列举的问题后面会跟随一个“面试官希望听到什么”的版块，读者朋友们一定要多留意，这样才能了解面试官提问的根本原因，以及答案构成的必备要素，如此才能确保面试的最终胜利。

在大部分问题的后面，都设有“红灯”的版块。这个部分的内容主要是给出了一些会让普通面试官产生疑虑的回答方式，而那些日常比较繁忙的面试官可能会直接让你另谋高就。

当然，还有一些话是在任何时候都不能说的，无论你处于怎样的环境，都不能透漏这些信息。为了避免这些问题在“红灯”版块重复出现，在这里我先给大家解密这些消极的问题。

面试切勿迟到

对于很多面试官来说，面试时迟到是完全无法容忍的，无论你迟到的理由是什么，比如堵车、电梯故障等，他们都可能因此取消原定的面试。

在这里，我还要告诉大家“面试准时”这个概念。如果你一路跑着在约定时间进入了会议室，这也不是“面试准时”。一些面试官对准时的定义是“提前15分钟到达指定地点”。这与纽约巨人足球队教练汤姆·考夫林（Tom Coughlin）的意见是一致的。

注意面试时的形象

面试中最大的致命问题是形象问题。过于浓烈的香水会让人呼吸困难，如果面试官因此不得不开窗呼吸新鲜的空气，那他对你的第一印象一定非常糟糕；如果你的妆容极为厚重，就像是落跑的模特，打扮风格另类，或者是一个小动作全身就会叮叮当当响个没完没了，甚至干脆来了个“杀马特”发型，都会让面试官产生不好的印象。

也许，你拥有相关的工作经验和技能……或许，你是目标岗位的最佳人选……但是，如果你的打扮不够得体，无法给面试官留下一个良好的印象，那么，你连展示自己能力的机会都没有。

面试穿着有讲究

女士们，我觉得自己有必要再次强调一下何谓穿着得体，毕竟我见过穿着裹胸、运动鞋、超短裙、印花丝袜来参加面试的应聘者。

给男士们的建议：白色或者浅蓝色的衬衫、西服、绸缎领带以及干净的皮鞋。

作为应聘者一定不要佩戴在黑暗中会发光的领带，不要穿广告衫（尤其是暗中带有X射线的），也不要随意穿舒适休闲的衣服，当然，如果你愿意在外面套上一层正装，就随你了。

面试中的行为举止

在实际的面试中，我见过许多奇怪的行为举止。有的应聘者嚼着口香糖，有的打着饱嗝儿，有的在挠痒痒，还有的大哭、大笑、尖叫，甚至是念念有词，不断地咒骂某些人或者某些事情。还有的应聘者会喝得烂醉如泥，也有的是必须由妈妈陪着面试的，有的应聘者在面试的过程中呼呼大睡，还有的是去了一趟洗手间之后就消失无踪。

面试的时候一定要关闭手机或调成静音。不要接电话，更不要打电话。

记住，面试官的想法是：如果这是你最好的表现了，那么在实际的工作中我能有什么期待呢？

面试官会戳穿你的谎言

如果你在面试的时候没有诚实回答与你的学历和工作经验（何时何地上的大学、是否上过大学、何时在哪个公司工作过）有关的问题，你的谎言会被戳穿。无论是怎样的岗位，要想找到一位适合的员工都不是一件容易的事情，而且这个过程需要大量的人力和物力。所以，公司会花费一定的时间核查你的简历。你的目标岗位处于越高的位置，招聘的审查工作就会做得更加严密。

就算当时你没有被戳穿，但是，你在面试中说了谎，这会成为公司单方面解雇你的理由。缺少某项工作技能或者工作经验并不足以成为阻挡你成为候选人的理由，不过，谎言一定会。

面试时你不必完全老实

在面试的时候我们一定要做到诚实（这也是唯一的出路），但是，你不必将自己从出生到目前所有的经历以及发生在你身上的事情都告诉面试官。面试官不是牧师，你也不是在忏悔。你自己的私人事情并不属于分享的范畴。

面试官问到你为什么对这个岗位有兴趣的时候，你要尽量给出聪明的答案，而不是傻乎乎地说："我要努力找到一份高薪的工作，因为我的签证问题欠下了一屁股债。"

不要抱怨上一份工作

在面试的时候，你要保证全程是积极向上的情绪。也就是说，在面试的过程中，任何的消极态度都会给你带来一些麻烦，你可能会因此而使煮熟的鸭子飞走。（当然，这也正是面试官们费尽心思刁难你的原因所在，他们希望知道你会如何处理各种不利的情况。）所以，你一定不要抱怨你的上一份工作、领导、工作职责甚至是日常乘坐的电梯。

面试时要保证眼神的交流

一些面试官认为，如果你不愿意与他们有眼神的交流，那么，你一定有所隐瞒。躲闪的眼神、畏缩的态度、紧张的情绪都是不坦白的象征。所以，在面试的时候，与面试官握手时要坚定，面向他们坐下，调整你的坐姿，保持身形端正，另外，直视他们的眼睛。不要一直盯着对方，这会让面试官感觉不舒服。最好是时常进行眼神交流。

与此类似，面试官更倾心那些有着持续高涨热情的员工，所以，时不时的叹气，经常盯着窗外，回答问题的时候看时间，这都会给面试官留下糟糕的印象。如果你表现出的是对这个岗位的意兴阑珊，那么他们当然也不想将你纳入其中。

不要忽视你的身体语言可能会对面试官的最终决定产生的影响。如果人们言不由衷，他们的身体语言会传达出真实的答案。研究表明，至少有50%的信息是通过语言之外的途径获得的。

你不仅要注意自己的身体语言会传达给面试官什么样的信息，同时，你也要明白面试官的身体语言向你传达了哪些信息。如果他是双手交叉放在胸前，或者身体后倾靠坐在椅子上，这证明你被聘用的可能性比较小。相反，如果他身体前倾，在你说话的时候不时地点头，他自己发言的时候也是兴高采烈，那么，他对你很有兴趣。不过，不要过于关注当时的情形，想得过多过远。如果面试官总是揉着惺忪的睡眼，这很可能是因为他前晚失眠没睡好，与你的表现没有直接关系。

切忌自傲

我曾经遇到一个应聘者，在面试不到5分钟的时候，他问我："我已经接到了3份工作的邀请。你们能够为我提供怎样的条件呢？"

我毫不客气地将他请了出去。

是的，在面试的时候，你要尽量表现得轻松自信、精神高涨（勇于拼搏、尊重他人、做事有条理），不过，所有的事情都要有个度，超过这个度，事情就不再像我们想象的那样美好了。这个例子正是如此。

为什么你反应这么激烈

面试官问了一个自认为比较简单的问题，但是你的反应好像是他犯了天大的罪。你额头上布满汗珠，开始哼哼唧唧，希望立刻转移话题。

你在隐瞒什么？面试官一定会这样想。如果你并不是在试图隐瞒某些事实，为什么你的反应会如此激烈，仿佛被人冒犯了一样？

目标公司主要经营的业务

在面试的准备工作过程中，有一个重要的环节，就是搜集公司的背景、地理位置、所属行业相关信息。在面试的时候，要时刻准备着将自己收集到的信息放到与面试官的互动中。这几个内容缺一不可，否则也会给面试官留下糟糕的印象。我曾经向那些应聘者提出过这个问题，问他们我们公司的主要业务。那些无法回答这个问题的人，必然是被淘汰的。

我希望这本书能够教会读者如何回答问题，能够满足面试官的胃口，你的答案越是符合面试官的明确以及隐含的需求，那么你被录用的可能性就越大，最好的答案是那种能够满足公司要求以及自己情况的答案。虽然我们无法判断一些答案好的程度，但是，我们能确定有些答案是不好的。

> ◇所有答非所问的答案，无论你的作答多么具体流畅。
>
> ◇所有能够证明你无法胜任此工作的答案。
>
> ◇所有与简历或者自荐信上的内容矛盾的答案。（不要怀疑，这一点我曾经经历过，当时，我非常自豪地向面试官描述工作中的细节，但是，这段工作经历并没有出现在我的简历当中。我的面试官也并未因为我的好口才而招聘我。）
>
> ◇那些会表明因你自己能力不足导致的失败、不明智的决定、糟糕的结果等情况发生的答案。或者是那些其他人做了很大贡献，但是你将功劳揽到自己身上的情况。

当然，大部分的面试官并不会因为你的着装不得体、不整洁，或者你的言语犀利，而决定淘汰你，不过，如果你同时出现了多个禁忌，就算是最和蔼可亲的面试官也会觉得你并不是他们要的人。

（还有一些致命伤，比如撒谎，这会让面试官对你决绝地说："再见……我们还是不要再见了。"）

坦然面对性格测试

近年来，越来越多的应聘者在性格测试这个环节被淘汰，甚至连真正的面试官都没见到。根据作家、演说家珍·布歇尔（Jane Boucher）所说，世界500强的企业中，至少有65%的公司会对员工进行性格测试，无论是临时工还是经理，都要接受这个测试，而在十年前，这个数字是5%。

根据我的经验来说，我觉得你不应该试图"打败"这些测试。如果你觉得自己在测试中选择的答案能够体现你的领导才能，你往往会因此被淘汰。所以，对于这种测试，你无法做好准备，那么就放松下来，诚实地应对这些测试。而这些测试的目的主要是为了明确你的个性，以及适合的工作类型。对于大部分公司来说，性格测试也仅仅是面试流程的一个组成部分而已。

稍作休息，准备学习

我在人力资源部门的良好声誉以及口碑促使这本书的第一版成为畅销书。实际上，每年都会销售出很多本，我不想假装知道本书畅销的原因，不过，我还是想大胆地做个畅销缘由的猜测：本书通俗易读、表达直白、实用性强、语言幽默诙谐。事实上，本书已经帮助成千上万的应聘者为面试做足了准备，指导他们如何更好地应对面试官的各种问题。我为这个新版本能够帮助更多的读者而感到高兴！

对本书内容的介绍到此结束，我们开始正式学习吧。希望各位朋友面试好运！

注：差点忘记对书中使用的性别做出说明。本人没有任何性别歧视，文中的“他”或者“她”只是为了避免人称上的混淆，确保文章通俗易懂。

Chapter

01

/ 第一章 /

请你为自己代言

第一个问题，你是谁？应聘者在面对这个开放式问题的时候，通常都会变得不知所措。怎么回答？从哪里开始？让面试变得举步维艰，纵然是回答了问题，通常也是叙述自己的人生故事，或者是给出“标准”答案。

没有一个面试官对你的人生感兴趣，这样的回答，只是展现了你记忆力还不错；更没有人会被标准化的答案而打动。

“你是谁？”

“你是谁？”这是在面试过程中最基本的一个问题，也是最难回答的一个问题。因此，在这一章中，我们会帮助你做好回答“你是谁？”这个问题的准备。

通常情况下，这个最简单的问题，往往会直接影响你的面试结果。是否能够得到这份梦寐以求的工作，基本都取决于你能否完美回答这个问题。

这种情况下，你就是你自己的产品，同时，你就是自己的推销员。如果你无法展示自己的优势，如果你无法表明自己的独特之处，你觉得，有哪一个面试官会产生“购买”的欲望？会产生“消费”的冲动？

所以，请你为自己代言。

事实上，大部分求职者都没有做好推销自己的准备。可能你会觉得，我已经给面试公司发送了一份完美的简历和求职信；我已经准备好了一套能衬托出自己无与伦比的气质的职业装。但是，只要你无法证明你是这份工作的最佳人选，只要你无法说服面试官你是这个岗位独一无二的候选人，你之前的努力，都将是竹篮打水。

第一个问题，你是谁？应聘者在面对这个开放式问题的时候，通常都会变得不知所措。怎么回答？从哪里开始？让面试变得举步维艰，纵然是回答了问题，通常也是叙述自己的人生故事，或者是给出“标准”答案。

没有一个面试官对你的人生感兴趣，这样的回答，只是展现了你记忆力还不错；更没有人会被标准化的答案而打动。

现在，我们做一个假设：你与大部分人一样，是一个有着各种技能以及品质的复杂产品，你的这些特质是在你的成长过程和过往工作经历中获得的。那么，你一定要相信，花费一些时间，充分挖掘一下你的生活经历，你会乞浆得酒，那份心仪的工作也会如探囊取物，成为你的。

这一章，将引导你如何挖掘你自己。

了解自己

第一步，联邦调查局分析法。

我们模仿联邦调查局的做法，给自己建立一份完整的个人档案。本章后面会附有一份表格，请根据表格填写信息，这份表格能够帮助你理清自己的思路，并将重要的信息整理出来。

请务必将表格中的问题作答出来，如果你草草应付，当你在面对面试官的时候，你就无法准确而有针对性地回答每一个问题，你的自我说服力也将大打折扣。

这些问题会让你在众多的面试者中脱颖而出。

（本章的附录中包含相关表格。如有需要，自行复印。）

工作信息介绍表

请准备一张白纸，将你曾经从事过的职业，无论是全职还是兼职，无论是长期还是短期，都写下来，比如，你曾经在暑假期间做了一份兼职，也请写下来。

详细记录你的工作经历，能够证明你的才能、责任心以及积极性，表明在离开父母独自生活之前，你就已经具备了独立的性格。

你现在记录下的工作经历，哪些要写到简历或求职信中，哪些要在面试的过程中详细阐述，并不是这一章要讨论的内容。现在，你要做的事情就是将这些经历，巨细无遗地记录下来。对于每段工作经历，你要记录的内容包括以下内容：

◇公司名称

◇公司地址

◇公司电话

◇公司邮箱

◇所有上司的名字

◇所有上司的联系方式

◇推荐信（尤其是面试方无法实现与你曾经的上司直接沟通的情况）

◇工作的确切起止时间

对于我们从事过的每一份工作，要包括以下内容：

◇具体的岗位名称

◇岗位职责

◇管理经历（要写明你直接的下属人数）

◇岗位所需的特殊技能

◇主要的业绩和贡献

◇晋升的日期

◇获得的奖励、荣誉以及其他任何形式的认可

对于你做的每一份兼职工作，还可以包含以下内容：

◇每周的工作时长

将以上这些内容记录下来，并不是要你将所有从事过的工作内容，长篇大论地描绘出来。实际上，你的关键点在于要列举具体的数据信息，例如：所在岗位的工作量、需要解决的问题形式、为公司节约的成本预算等。这样做，是让你将自己的能力、过往取得的成就，翔实地展现在面试官的面前，而不容置疑的事实，会为你赢得很好的分数。

岗位职责

在描述每份工作的岗位职责的时候，最好一两句话就能说完，尽可能用数据说明。例如，一位经验丰富的销售人员可能会这样写：

◇负责管理销售领域的120个活跃账户

◇每年为公司贡献300万美元的收益

◇跟踪三位电话销售人员的日常工作

技能

写下该工作岗位需要具备的职能，尤其要强调你在这个岗位上锻炼出来的才能。一名经验丰富的销售人员可能会这样写：

◇培训销售人员如何推广新产品

◇对100位以上客户提供电话售后服务

主要的成就

在这个部分，你可以炫耀一下，说一些“大话”，但是，一定要用数据证明你所取得的成就，包括各项成绩。例如：

◇研发新式电话反馈系统，促使销量在18个月内实现了20%的高增长率

◇具有前瞻性的眼光，部门内部实现电子信息化，节省了15%的日常运营开支

志愿者工作介绍表

我参与过至少上千人的面试，因此，以我作为一个面试官的经历来看，一个人在工作之外的时间里的活动，是有着重要意义的，面试官通常都会将这个内容纳入考量的的范围内。工作狂并不意味着是最优秀的员工。

所以，将你工作岗位之外所承担的社会工作梳理清晰，并不是在浪费时间。针对你参与的每一个志愿者组织，你要记录的内容包

括以下条目：

◇组织名称

◇所在地址

◇电话号码

◇邮箱

◇组织的负责人姓名

◇推荐信

◇你参与该组织活动的时间

针对每一项志愿者活动，你要记录下以下内容：

◇每个月在这项活动上所用时间（小时）

◇你在活动中的责任和义务

◇参与此项活动要具备的技能

◇获得的主要成就和贡献

◇你获得的奖励、荣誉以及其他任何形式的认可

教育背景介绍表

若你仍然是在校大学生或者即将毕业，对于你的教育背景则完全不用强调自己的高中生活。不过，如果你正在准备考研或者已经拿到硕士学位，那么你就要将自己本科生和研究生阶段的生涯都列出来。如果你还是个距离大学毕业的日子还远，甚至是超过一年以后才毕业

的大学生，你就要将最近的一个学期所获得的学分记录下来。

社会团体活动介绍表

作为面试官，我往往会对那些知识渊博、热衷于参加各种活动的应聘者产生好感。所以，如果你经常参加校内校外的活动，例如，你喜欢的体育运动，加入的俱乐部，参加的校内的大型活动，都会对你的成功有所助益。对于你参加的每一项活动、每一个俱乐部或者组织，你要记录的内容应包括以下各项：

◇名称和目标

◇你的任期

◇你创办、主持、参加的组织团体；或者你在团体中的职位

◇在相应岗位上需承担的责任

◇主要的成就和贡献

◇你获得的奖励或者荣誉

获得成就或荣誉展示表

无论是在学校，还是在社区组织、教区团体或者参加的其他各种组织中所获得的所有成就或荣誉，都要一一记录下来。你在重点高中时获得的荣誉，哪怕是你已经大学毕业了很多年，或者已经在读研究生，也一定要记录下来。

外语能力展示表

或许你应聘的岗位并不需要对外交流，不过，现在跨国公司和教育研究机构越来越多，如果你能够具备一门外语的优秀读写能力，将会让你获得加分。即使你只是学过一年的俄语，也一定不要将它湮灭；如果你曾留学莫斯科一年，并且能够用俄语进行日常的交流，一定要在简历上标明。

图表列示

如果你能根据上面的条目，将自己的信息认真填写完，你会发现，你列举了大量事实，这包括你曾经做的事情、你的经历，以及你的证明人和事情的发生地。不过，这些内容对于那些经验丰富的面试官来说，还是过于薄弱了。现在，在你明确了这些事实之后，你要做的就是将这些事实写入你的个人简介。切记，你个人的描述要具有独特性。

下面，我列出了一些问题，请你将这些问题的回答记录下来，因为，这些问题很可能就出现在你的下一位面试官的口中。

◇你最自豪的经历是什么？你做出的最大成就是什么？你的这些成就和经历与你应聘的这个岗位有着怎样的关联？

◇你记忆最深刻的错误是什么？怎么发生的？从这个错误中你得到了什么？你是如何防止再犯相同错误的？

◇你善于和老板、老师、父母等权威人士沟通吗？请举例说明。

◇你最喜欢的体育运动有哪些？你是否有着强烈的竞争意识？你是否容易放弃？你是否能接受失败？你面对挑战时是接受还是后退？你面对困难时是想办法解决还是选择放弃？

◇你交往的朋友通常有着怎样的性格？你的朋友与你是同一种类型的吗？对于与你类型不同的人，你是乐于交往，还是尽量包容、忍耐？哪些行为会导致你和朋友的关系断裂？这种情况是如何体现你的特质的？

◇若让你的朋友或者认识的人评价你，你觉得他们会使用怎样的词汇？为什么你觉得他们会这样评价你？你曾经做过什么样的事情，或者行为，让他们用这样的词汇评价你？你与他们有着怎样的关系？

这么做的意义

只有全面分析自己，真正了解自己，你才能够在面试的短短过程中，将自己成功营销给面试官。现在，将你记录下的表格整理一下，从这些事实、数据中，分析出你自己最大的特质。具体内容至少要包括下面的内容：

◇我最突出的技能是什么？

◇我在哪方面的知识掌握量是最全面的？

◇我性格上最大的优势是什么？

◇我最擅长做的事情有哪些？

◇我有哪些成就和贡献？

记录完上面的内容，接下来，你就要将这些优势、特质转化成你能够为公司带来的利益：

◇面试官会在意我的哪些经历，让他将我列为岗位最佳人选？

◇我的哪些优势、成就、技能和知识会让我成为岗位最佳人选？

◇我的教育背景和工作经历中，哪些内容会让我在众多的面试者中脱颖而出？

你可以试着给自己提一些有意刁难的问题，这样，你就能够发现你需要在哪方面进行改进，例如：你曾经犯下的错误，或者你没有积极参加课外活动。如果你能将这个表整理得深刻、彻底，你就会重新认识自己，这个时候，你可能就会反问自己，我是否要学习一些新技能？是否要与上级领导搞好关系？

要选择自己头脑清醒的时候，利用一定的时间，花费一些精力，将上面的问题都作答好，当你真正面对面试官的时候，你会发现，自己根本不紧张，即使面对各种刁钻的问题，也能够从容应对。因此，何去何从由你决定。

不过，在你预备全身心投入第一个问题之前，我们一起梳理一下整个流程吧。

工作岗位信息介绍表

单位名称：

地址：

电话：

邮箱：

任职日期：从　　　　　到

每周工作时长：

薪水：

上司的姓名和头衔：

岗位职责：

岗位所需技能：

所取得的成就/荣誉/奖励：

其他重要信息：

志愿者工作介绍表

组织名称：

地址：

电话：

邮箱：

每周工作时长：

参与活动的日期：从　　　　　到

上司姓名和头衔：

岗位职责描述：

岗位所需技能：

所取得的成就/荣誉/奖励：

其他重要信息：

高中教育介绍表
学校名称： 地址： 联系电话： 入学与毕业时间： 主要学习内容： 主要科目平均分/班级排名： 获得的奖励和荣誉： 主要课程：

其他教育介绍表
学校名称： 地址： 联系电话： 入学与毕业时间： 主要学习内容： 主要科目平均分/班级排名： 获得的奖励和荣誉： 主要课程：

大学教育介绍表

学校名称：

地址：

联系电话：

入学与毕业时间：

获得的学位：

主修/辅修：

主要科目平均分/班级排名：

获得的奖励和荣誉：

主要课程：

研究生教育介绍表

学校名称：

地址：

联系电话：

入学与毕业时间：

获得的学位：

主修/辅修：

主要科目平均分/班级排名：

获得的奖励和荣誉：

主要课程：

社会团体活动介绍表

俱乐部/活动：

职务：

参与的活动：

主要职责：

俱乐部/活动：

职务：

参与的活动：

主要职责：

俱乐部/活动：

职务：

参与的活动：

主要职责：

俱乐部/活动：

职务：

参与的活动：

主要职责：

俱乐部/活动：

职务：

参与的活动：

主要职责：

获得的奖励或荣誉展示表

奖励名称：

颁奖方：

颁奖日期：

意义：

其他相关信息：

奖励名称：

颁奖方：

颁奖日期：

意义：

其他相关信息：

外语能力介绍表

语言：

□阅读 □书写 □口语交流

背景资料（学习年限、旅居时间等）：

语言：

□阅读 □书写 □口语交流

背景资料（学习年限、旅居时间等）：

Chapter

02

/ 第二章 /

面试种类介绍

现在，再也不是那种只要填写一下工作申请表，然后和面试官随便聊两句就能够得到工作的日子了，那样的日子再也不会出现了。公司对应聘者的要求越来越严格，面试官或经理会从每一个小细节来判断一个面试者是否合格。

我在前面已经提到过，相同的职位，相较于之前的应聘者，你要面对的是更加严苛的面试流程，即使你有着更高的技能水准。当然，丰富的工作经验、学富五车的知识量，会给你的履历锦上添花。不过，在今天的面试中，你还要保持充沛的精力，甚至，你诚实质朴的性格、聪慧过人的智商、良好的心理素养，都会成为你的加分项。只要最终招聘结果未公布，你所有的一切都会成为面试官评判的指标。

对于应聘者来说，每一场面试都至关重要，都要谨慎应对。在面试的过程中，一定要时刻留意面试官设下的陷阱。对于面试官提出的各种问题，只有做好准备，才能灵活应对。无论你面对的是怎样的面试，充分的准备工作都会让你成为最后的赢家。

接下来，我们了解一下面试的大致流程。

你需要应对的是什么（谁）

面试，主要分为三种类型：电话面试、人力资源部门面试、部门经理面试。接下来，我会告诉你，如何应对这三种不同的面试形式。

电话面试

电话面试，通常发生在与招聘中介、招聘专员、猎头或者人力资源部门沟通的过程中。在电话面试的过程中，面试官会挖掘出他希望了解的信息。

如果经历过电话面试，又被要求办公室面试，这通常意味着面试官要印证面试者在电话中给自己留下的印象。这种情况的面试官通常是企业家、首席执行官、公司高层管理者等，这种人的共同点是工作繁忙，认为要处理好自己的事情，却不能将时间浪费在不必要的人或事上面。他们不会顾忌新员工的感受，也很少与新员工交流，对于公司的基层工作更是不予理会。相反，对于那种规模比较小的公司来说，往往不会设置专门的人力资源部门或者部门设置不全面。因此，会更加注重采用电话面试的方式。

在经历过电话面试之后，如果你的名字从招聘者的名单中消失了，通常是有以下几种可能性：

你的简历与实际工作经历存在着较为明显的差异；

口头表达能力有限；

缺少某项必需的技能。

如果你在等待某个公司的电话面试，并且你留的是家里的电话，那你最好与家中成员沟通好如何接听电话。比如，你年幼的弟弟或妹妹随随便便的一个“喂”字，肯定是不妥当的。当然，还要注意电话的留言功能。

“你好啊！”（笑声）“我们很忙呢！（笑声）伙计，留下你的信息吧！”

这种留言显然不妥当。

你可能会说，坐在家里的沙发上接受面试，这真是世界上最舒服的找工作的方式了。你要是这样想，那就大错特错了。对于初入社会的新鲜人来说，接受电话面试，意味着两项权利被剥夺：眼神交流和肢体语言。当然，你可以用优秀的简历、丰富的事实、扎实的基本功、超水准的语言表达能力，弥补这两项缺陷，让你赢得胜利。

在接受电话面试的过程中，要全程保持自信的语调，传达给对方的要是正面的资讯。同时，语气要自然，不要过于自信，如果你对自己的工作能力和资质是有信心的，那么，在通话的过程中一定要保持微笑，你的笑，对方可以感受到。在接受电话面试时，一定不要躺倒在沙发上，你最好站着，或者在室内踱步，这样会让你更加沉着，也会给予自己更多的力量。

这些行为看似幼稚，实际上效果显著。

通常情况下，面试官会打电话预约面试时间，如果面试官要即刻开始，你也完全可以给出明确的时间段，让对方在相应时间打来电话。你完全有理由为自己争取到足够的准备时间，在一个有所准备的、舒服的氛围下接受电话面试。

在接受电话面试之前，你要准备好以下物品：

你的简历（一定要在面试前迅速浏览一遍）

发送给公司的求职信

需要提出、核实的问题

便笺纸

你收集到的公司资料

一杯水

还要在门口挂上“请勿打扰”的标语，这样，你的家人或者室友就不会私自闯入。显然，你绝不能让面试官握着话筒等着你。

人力资源部的面试

对于人力资源专员来说，面试，已经不再是一个每个季度一次或者每个月一次的活动和任务，而是已经成为了他们的职责、他们工作的最核心的部分。他们安排求职者面试，希望能够在众多应聘者中找到特别优秀的人，而不是到处可见的平凡员工。

人力资源部的面试，通常是筛选，目的在于为部门经理圈出一批强有力的应聘者，进而安排部门经理与应聘者面对面的面试。当然，为了实现目标，首先要做的就是将那些不合格的人员筛除。这是一项非常沉重的任务，对于应聘者来说，他们唯一能够与公司取得联系的桥梁就是人力资源部门或者是招聘专员。

通常，人力资源部门会排除以下几种申请者：

缺少招聘启事中强调的正式（非正式）的资质；

缺少招聘要求所看重的特质；

面试过程中表现不尽如人意；

对你的身份及联系方式存有疑虑。

对于最后一个因素，一定要重视它的影响。这些人力资源专员每天要接听无数个电话，要翻阅无数份简历，要接待大量的应聘者。纵然他们恪尽职守，也难免有所纰漏。

作为人力资源专员，每天要接待大量的应聘者，而这些应聘者也都有着迥异的性格，背景也千差万别，所以，人力资源专员往往练就了灵敏的辨别能力，能够相对准确地判断出一个人的能力。可以说，人力资源专员的面试经验要比主面试官更加丰富，他们能够迅速地识破应聘者的谎言和简历中的前后不一致。对于求职者的简历内容，他们更是一眼辨真伪。

我们必须正视一点，普通的人力资源专员在那些看似特别优秀的应聘者身上花费的时间可能是更多的。但是，这些人力资源专员往往对岗位的日常要求缺乏直接的认识。虽然他们有可能有正式印发的公文，但是，对于所聘岗位的职能要求方面，比如技能要求、性格特征、形象要求等，却没有相关的知识。而且，通常由人力资源部负责人订立岗位要求，在定义某个工作岗位的具体职能的时候，他们往往是根据职责描述以及个人经历来做。

如果公司没有具体的相关标准，也没有得到上司的具体指示，那么，人力资源专员就无法确切知道招聘的对象应该具备的特质。对于这种情况，即使你条件并非完全符合，你也可能通过此轮面试，当然，即使你的条件完全符合该岗位，你也可能在此轮就被淘汰。

如果我们要求人力资源专员根据他们自己的想法来确定一个人的去或留，这就似乎给他们提出了一个巨大的难题，他们往往会觉得非常难办。最简单的办法就是根据量化的标准考核每一位应聘者：

是否有三年的工作经验？

是否熟悉办公室软件的使用？

当然，这种量化的考核标准往往会忽视那些非常重要的人际沟通技能。因为，他们无法根据相关岗位的实际情况做出选择。

招聘经理面试

在经过人力资源部的筛选之后，招聘者会被移交到相应的部门。招聘经理最核心的内容就是考核应聘者的技能，并且根据与应聘者的交流评估应聘者是否能够与部门其他员工沟通和合作。招聘经理往往会千方百计地挖掘应聘者的信息，因为，这些应聘者将来很可能成为自己朝夕相处的同事。

通常情况下，如果在这一轮面试中被淘汰，原因不外乎以下几种：

缺乏人际交流技巧；

面试中的表现不尽如人意；

他推测你没有合作精神，不能与团队的其他成员合作完成任务。

大多数情况下，这个环节的面试官都具有招聘岗位的直接领导的经历，他们曾经与这个岗位的员工共事，所以具备独特的视角和敏锐的洞察力。

这个环节的面试官会认为面试就是全面了解一个人的最佳途径，他们会努力挖掘你的各种信息，尽量做到全面，所以，他们不会选择性地问你的背景、个人经历、对工作的看法以及人际关系等方面的问题，而是更重视你的业务能力。大部分招聘经理都有着充分的职业敏感度，他们能够通过面试判断出一个人是否符合岗位条件，是否能够与现有成员相处融洽。

招聘经理通常都受过专业的训练，有着丰富的面试经验，知道如何把控局面。他们不会让面试无休止地进行下去，而是保持较高的效率，他们会根据实际情况采取应变措施，促使面试的流程能够顺利进行下去。无论他们采取的是哪一种面试方式，最终的目的都是为了完成面试。

另外，不排除有些招聘经理欠缺一定的经验，对面试人员的相关信息不甚了解，他们对应聘者的个人履历、知识背景、专业技能没有深入探究，因此，这种招聘经理的提问往往具有突发性、随机性。

还有一种可能性，一个公司的大部分经理没有接受过专业的招聘训练，他们不知道怎样才能招聘到适合的人员来填补职位空缺。而且，在面试的过程中，有些招聘经理的紧张程度甚至会超过对面的应聘者。

举个例子，一位招聘经理，由于缺乏面试的经验，因此在面试的过程中坐立不安，结果，他提出了一个问题，可以说，这是一个与面试毫无关系，而且模棱两可的问题，纵然是最优秀的应聘者也难以完美回答，但是他却浑然不知，甚至还会根据这个问题的回答情况判断应聘者是否符合这个岗位。不会有人监督招聘经理的言行举止，应聘者也无法得知面试官的心思，因此，这样的悲剧一直在上演——由于招聘经理的过失，某个岗位的最佳人选被淘汰了。

阻止不称职的面试官跑题

你并不是一定会碰到这样的面试官。不过，你要记住，无论你的面试官说什么，你都要尽量展示出自己最好的一面来，为自己加分。怎样才能充分做好应对面试官的心理准备呢？第一步，要将书中的101个问题弄明白，但是注意不要故步自封，因为这101个问题并不包含面试官会问的所有问题。

那么，接下来你要做些什么呢？在接下来的章节中，我将传授给你如何说服最“龟毛”的面试官，证明自己是这个岗位的不二人选的方法。

如果从一开始的时候你就能够意识到面试官的意图，例如，他在努力挖掘你的技能和专业背景之外的信息，那么，你就要将话语主导权掌握在手中，主动说出你想说的部分，否则，你就只能被动接受。他希望从你这里探寻到一些信息，但具体是什么信息，他们并没有清晰的概念。他们最终的目的就是要根据信息证明你是适合这个公司，适合这个部门，适合这个岗位的。

排除干扰，明晰自己想要展现的才华。最不可取的办法是消极怠工，静等好运降临。在面试的过程中，遇到经验不足的面试官，你可以帮助他将话题拽回到与你的资质和专业背景相关的话题上，举出一些例子证明你能够很好地胜任这一份工作。

不过，你要注意一点：你的态度不要过于强硬。否则会让你的面试官觉得你过于以自我为中心。你要做的，首先是镇定下来，然后自信地展示你的长处和优势，证明你能够与公司实现优势互补，最终达到双赢的结果。

在面试的过程中，你还会遇到哪些特殊的问题呢？

以自我为中心的面试官

鲍勃自认为是面试官中的佼佼者，对每一个应聘者，他都会提出15个问题，而且问题的顺序都是相同的。他将应聘者的回答记下来，并时不时地抛出问题，希望通过提问了解到应聘者的细节信息，他也会让应聘者提出自己的疑问。鲍勃说话风趣幽默，为人友善温和，对自己在Netcorp com的工作非常热爱，他会将自己在公司中的每一件事都对应聘者诉说，每次都会说上几个小时，接下来，他就开始疑惑，为什么没有人像他这样优秀呢？

我一直认为，作为面试官将自己的个人经历和盘托出放在应聘者的面前，这非常不稳妥。但是，为什么总是有一些面试官会这样做呢？原因可能是因为太紧张，也可能是缺乏经验，不过最根本的原因在于他没有把握住面试的主要目的。面试的目的在于让应聘者展现出真实的自己，面试官甄别出他的能力以及品性，最终从众多应聘者中选择出候选名单，而不是要向应聘者介绍自己的公司。当然，如果实际情况是以下几种之一，那么面试官的这种做法也是可取的：

失业率非常低；

某个岗位大批量招人；

满足招聘条件的应聘者数量有限；

面试官认为某个应聘者非常希望能在众多的竞争者当中脱颖而出。

我的指导新上任面试官的书《问对的问题，招对的人》（*Ask the Right Questions, Hire the Right People*），有这样的描述。通常情况下，要保证应聘者讲的话比面试官多，因为面试官的职责在于通过聆听了解应聘者的教育背景和工作经验等情况，并对这些情况的真假做出判断，最终决定是否录用。

你可能会认为，如果你遇到的面试官是一个话唠型的人，你可能会因此受益。当然，如果你的面试官一直沉浸在某家咖啡馆的诗情画意的氛围中，那么你的确不必担心自己会说错话，你根本不必大费口舌解释自己被上一个公司解雇的原因，你也不用解释为什么会在三个月内连续换了四份工作。你需要做的，就是舒服地坐在椅子上，心情放松地听着，只要保持清醒即可。

但是，我有着相反的观点，我认为这种自说自话的面试官不会给你带来任何益处。因为这种面试官通常执着于自己的表现，沉浸于自己的世界中，他不会给你展示自己的舞台。纵然你竭尽全力希望能够给对方留下一个好印象，但是，最终的结果是对方根本记不得你是谁，你是怎样的一个人。如果你能够按照本书，尤其是本章中提到的指导意见行事的话，你更希望遇到一个精明的面试官，他会给你提出一些探索性的问题或者开放性问题，因为他们会通过你的回答判断你是否是这个岗位的不二人选，更重要的是，你需要一个机会、一个舞台来展示自己，而在面试中回答问题就是自我最佳的展示。

置身事外的面试官

有些面试官不够称职，没有做到岗位该尽的责任。

他们或者将时间花费在煲电话粥或者电子邮件上，而不是面试应聘者；

他们也可能忙于公司的明争暗斗、同事间的竞争、办公室的矛盾。

一个公司的面试官持这样的态度，尤其是在你还未成为这里的正式员工时，那么，你相信在入职后会得到公司的重用吗？所以，对于这样的公司还是一开始就放弃吧。

不要担心！一定有一个尊重你、器重你的老板在等着你。

面对面近距离交流

关于面对面的面试，我们的第一反应通常都是如何应对这种面试，这种面试有着哪些风格。不过，无论怎样，你要知道面试官的目的都是相同的：明确应聘者是否具有岗位所需的技能和资质。如果没有，那么抱歉，必然淘汰。

经验丰富的面试官，在面对面的面试中，会采用多种方式和策略，因此你要明确自己当下处于的是哪个阶段和模式，清楚如何应对他提出的各种问题。下面，我就为大家介绍一下面试官不同提问的目标以及应对的方法。

业绩主导型面试

业绩主导型面试，就是面试官提出的问题通常是围绕应聘者的工作经历展开的。这样的面试官，他们的目标在于了解你在过往工作中取得的成就，并根据你的信息推测你在应聘岗位上会有怎样的表现。

面试官通常会提出的问题包括：

在上一份工作中，如果遇到紧急的问题，你会如何解决？

能否举个具体的例子说明在工作中遇到的是什么样的问题，以及你的应对措施？

你认为自己采取的措施是有效的吗？你的判断是正确的吗？

公司同事对你应对危机的方式有着怎样的看法和评价？

对于这样的提问，你一定要措辞严谨。面试官提出的这些问题看似连贯，其实每个场景都是独立的，你要展示出你曾经遇到的问题都很棘手。比如：经理不够支持，员工紧缺，没有最新版本的软件。如果因为某些原因，导致你某个问题没有圆满解决，你应该坦率告诉对方，表明虽然这个问题没有处理好，但是你吸取了足够的教训，积累了相关经验，一旦再遇到这样的问题，一定会妥善处理。

切记：这种类型的面试官，他们最希望看到的是你的实际行动力，而不是你的口头应承。

所以，你不必拘泥于所谓的方法，防范所谓的高压线，过多的细节只会扰乱我们的思路，让我们不得要领。换句话说，你只要告诉对方你经历过的问题，针对这些问题你采取的措施以及你的行动带来的结果。浮夸的语言往往无法取得他们的信任。

因此，在正式面试之前，请梳理出自己经历过的三四个事件。通过讲述这些真实事件，向面试官传达出那些有利于我们应聘成功的信息，凸显出我们所具备而他人欠缺的资质和能力。一定要记住，这些故事要按照这样的模式讲述：

问题——►提出采取措施——►行动——►结果

群体面试

现在，很多公司并没有明确的层级制度，也就是说，公司的每一个员工，不论层级都有可能参与到各种各样的项目和任务中，为公司项目推进做出贡献。也就是，每一个员工都可能会成为你的面试官。

即使是群体面试，也会存在较大的差异。让人满意的面试通常是一次敞开心扉的交流，而不尽如人意的面试往往带着审讯的意味。一般情况下，面试的地点是在会议室，面试官们坐一排，对你展开面试。他们可能来自你申请的岗位部门，也可能来自公司的其他部门。这种面试，对于应聘者来说压力可能会小一些，每一次由一个面试官提问，每个面试官有提问一次的机会。不过，应聘公司不会提前告知你要接受群体面试。

群体面试中，将会有招聘经理或者某个人力资源部的员工主持问答环节，如果主持人有着丰富的经验，提问环节就会循序推进。面试结束后，每一个面试官都对是否录用你有着一定的话语权。

有时，在面试结束后，招聘经理会单独询问每一个面试官的意见，然后将这些意见汇总，做出去留的决定。

还有的时候，招聘经理会要求这些面试官给出投票，根据投票的结果决定应聘者的去留。这种方法最大的益处在于，应聘者不必担心因为某个面试官的主观偏见而被淘汰。若面试官中某个人觉得你不够自信，或者过于自大，其他的面试官就会提出自己的见解，而提出这个观点的面试官就需要对此进行反驳，或者是采纳其他人的意见。

正常来说，面试官越多，你的技能以及潜质被全面挖掘的可能性也就越大，当然，这两者并不是必然的因果关系。作为应聘者，你需要将自己的心态放平，镇定地回答每一个人提出的问题，表达出对面试官的尊重即可。

如果遇到多个面试官提出的问题是大同小异的，你一定要确保回答是多样性的。你可以根据具体情况讲述你所负责的不同的项目、不同的阶段遇到的问题、成功的经验以及失败的教训。否则，你可能会在这个环节被淘汰。面试官很可能会聚集到一起，对比大家的记录，然后得出这样一个结论——“思想过于狭隘，看待问题过于片面和极端”。

压力面试

对于大部分工作岗位，你需要具备正规的文凭和资质。不过，一个岗位去留的关键性因素往往包括这几种：

你的情感需求；

应对危机的能力；

快节奏工作的适应能力。

评估这些能力的标准不是依据你的瞬间爆发力，而是看你是否能够每天都能承受这些压力。即使是那些资深的老员工，有的时候也会因为上司的简单粗暴，因为老板制定的不切实际的目标，而倍感压力，甚至是精神崩溃。

如果你应聘的是这样的岗位，比如股票经纪人、空中交通管制员、狱警等，你的面试官就不会向你提问那些无关痛痒的问题，这对他们来说是浪费时间，他们要评估的是你在极端条件下的工作能力。压力面试因此应运而生。

经历过压力面试的应聘者都对这段经历记忆深刻。在压力面试中，面试官提出的看似普通的问题通常都是“披着羊皮的狼”，实际上都是粗暴和残忍的，而面试官也是通过营造这种氛围来判断应聘者是否满足某个特定岗位对抗压能力的要求。

在这种面试中，你别妄想面试官会温和地提出：“请做一下自我介绍！”而是，双眼直直地盯着你，冷静地问你：“请告诉我，我凭什么要录用你？”

那么，一个应聘者要如何判断自己接收的面试是否属于压力面试呢？下面我将列举出压力面试中面试官会提出的问题，来供大家参考。

◇面试官会对你说的内容加以嘲讽，会问你凭借这点能力也敢来这里应聘。

◇你走进面试场所后，面试官不会说话，至少会持续五分钟，当你回答完他提出的第一个问题后，他依旧会沉默，然后一直盯着你。

◇面试官会一直让你等，就算是超过了预定的时间也无所谓。你回答问题的时候，他总是低头看手表。

◇他会表现出对你的话毫不感兴趣，时不时看向窗外，即使你说的内容非常吸引人。

◇对你的每一个回答都会质疑，对你的所有想法都表示不认同，经常性地打断你的话，扰乱你的思路。

◇你见到他的第一面，他不做自我介绍，而是丢出一个生硬的问题。

◇面试过程中经常接听电话，或者玩电脑，或者一边吃午餐一边面试。

◇你可能要坐在一张破旧的椅子上，或者是正对着开着的窗子，接受寒风的洗礼。

我年轻的时候，接受过一次压力面试，当时的我完全不懂面试的任何技巧。请相信，以“一无所知的状态”参加面试，绝对不是我们应该选择的准备方式。请注意，当时我应聘的岗位并不是中央情报局或者飞行调度员，只不过是一个小编辑罢了。

那是很多年前了，我应聘一家大型出版社的编辑职位，可以说整个过程中我过五关斩六将，一路领先。第一步，我与一大批应聘者在公司接受了人力资源部专员的选择；然后，我接到通知，要我去公司与人力资源部总监卡丽面谈。见面的时候，她很热情，将我带到了她的办公室中，她的办公室装修得富丽堂皇，在我坐下来之后，我们亲切地交谈了很久。接下来，情况突然发生了转变，我开始觉得自己似乎是接受警察秘密调查的国际通缉犯。

在第一阶段，我的表现可以说受到了面试官的一致肯定，但是，当我和卡丽交谈后，我开始觉得不安，甚至是恐慌。她先是质疑了我的学历，甚至是用一种讽刺的口吻问我，为什么选择的专业是文学艺术，而不是其他具有实用性的专业？为什么你觉得自己能够胜任编辑这份工作，难道你有什么值得炫耀的东西吗？（即便是我已经有过几年的工作经验）。

卡丽抛出的这几个问题，就如重磅炸弹，让我完全没有还手之力。第一个问题关于我的工作经历，第二个问题是考察我能否胜任目标岗位，第三个问题则是转移到了我喜欢的电影。

实际上，卡丽的这些问题都是在考验我的抗压能力，关于这一点，我也是在以后的求职生涯以及招聘经历中总结出来的。她故意让我觉得恐慌、疑惑、心生敌意。我不得不承认，当时，我的表现非常糟糕，对于她的问题，我都是用“是”“不是”“嗯”回答的。而且，我尽量避免与她有目光上的接触。

结果显而易见，我没有得到那份工作。不过，在卡丽的身上，我学会了很多东西。分享给你。

◇无论你面临多大的压力，请保持镇定，不要让对方看到你惊慌、汗流浃背的模样。保持与面试官的目光交流。对于对方的提问，给自己几秒钟的准备时间，用平静的话语将自己的答案说出来。

◇认清当下情况的实质性内容，这些不过是人为设置的场景，目的在于考量你在压力下会有怎样的反应。面试官与你并无过节，而这场面试不过是一个游戏，虽然你无法从这个游戏中获得快乐。

◇不要心生沮丧，进而自暴自弃。压力面试中，面试官传达出的信息是不看好这个应聘者，似乎顺利通过面试的可能性为零。但是，实际上恰恰相反。压力面试之所以会存在，主要的原因就在于面试的过程中，应聘者会出现严重的抑郁、敌意以及慌乱的情绪。

◇注意自己的语调。在压力面试中，应聘者很容易变得过于激动，尤其是在不了解面试官的目的时。

如果你面对的是压力面试，那么，你也可以反问面试官，为什么要采用这样的面试方法？如果他们觉得在面试的过程中，通过贬低你的能力，侮辱你的人格，来实现有效的选拔，那么，该公司的管理哲学是怎样的？

当然，我们要区分压力面试和消极面试。消极面试中，面试官只要有机会就会重复你对于某个岗位的不足之处，甚至还会提出一些不合理的要求："如果要你每个周六的早上打扫卫生间，你同意吗？"或者"每天需要加班三个小时，你可以接受吗？"

案例面试

"你正在与一个出版商谈生意。刚刚他的印刷工厂打来电话说，今年最大的订单的书脊上出现了错误，而且是非常严重的印刷错误。现在，已经印了十多万本，工厂向出版社汇报了这个情况，希望得到下一步的解决方案。"

面试官喜欢临时编造一个案例，而这种虚拟的情况往往会给应聘者带来很大的压力。面临这种情况的时候，你要意识到自己正在接受面试官们越来越喜欢的面试形式，也就是案例面试，而且这种面试发生的概率还不小。如果你应聘的公司是咨询公司、律师事务所或者其他咨询性质的组织或者机构的话，你就一定要做好应对此种类型面试的准备。

案例面试的目的：通过设计某些可能发生的情况，要求应聘者给出解决方案，从而挖掘出应聘者的潜质。

对于这种面试，要想提前做好十足的准备，难度是非常高的，可以说是不可能的，因为你一定要分析那些比较特殊的情况或者问题，选择强档的策略当场解决。

面试官最想看到的情况是：应聘者有着丰富的实战经验、创新能力、遇到困难能够向外界寻求帮助或者信息的意愿。很多面试官希望通过这种面试，将那些不善于与其他人合作的应聘者排除掉。他们希望通过具体案例了解应聘者解决问题的方法和思维方式。

如果你发现自己的面前确实存在这样的陷阱，首先要保持冷静，用自己曾经学到的东西为自己解围。所以，在那之前，你需要用一点时间研究一下下面的内容。现在，我将应对案例面试的小贴士分享给大家，希望大家能够从容面对此种面试。

◇记录下面试官提出的问题，询问细节。当然，你要记住，面试官提供的信息并不是都与解决问题的方法有关，多么狡猾啊。

◇面试官希望听到一个你切实解决问题的方案，而不是要听你面对问题时所奉行的处事原则，所以，要避免含糊其辞。

◇省略某些细节处。面试官想了解你在处理问题时的整个思维方式，所以，要保证将你的注意力集中到最重要的元素上。

◇将自己的想法和灵感说出来，这是所有的面试官都希望见到的场景。

◇控制好自己的语速，慢慢地说。问题越是复杂，你需要的时间就越多。

◇你可以创新，但要保证在合乎逻辑的情况下进行创新。

案例测试的主要目的在于让应聘者展现自己的“实战能力”。

文职人员会要求打字速度以及文档的使用能力；

编辑岗位会被要求编辑一篇文章或者某本书的部分内容；

销售人员可能会被要求进行电话销售，出售某种目标商品；

计算机程序员则会被要求编程，实现某个特定目标。

越是需要技术的工作岗位，就越是要证明你的能力。口头功夫对面试官来说，意义不大。

谜语面试

如果你的面试官对你提出这样的问题：“如果你要搬家到富士山，你打算怎么做？”

通常来说，这个环节面试官旨在评估你的创新能力，这种面试与常规的面试所强调的素质从本质上讲是不同的。能够提出的问题实际上也是无限的：

◇得克萨斯州有多少口油井？

◇波兰有多少位牙科医生？

◇你觉得老鼠夹怎么做更好？

这种问题当然没有标准答案，案例面试中分享的小贴士在这里同样有效，首先要保持镇定，不要着急，将问题回答完整，用你选择的谈论方式将整个面试流程走完。

面试取胜的法宝

◇放松！面试不是接受法庭审判，而是人生的一次历练，学会享受这个过程。可以将面试官想象成你喜欢的体育明星、作家或者电影明星，忽视他们因为人到中年而出现的大腹便便或者谢顶的模样。

◇微笑！时刻保持微笑，这个微笑是礼貌的，而不是虚假的。心态放松，笑容就会舒心。这是你们交谈愉快的表现。试着换位思考，站在面试官的角度看待这个问题，每个人都喜欢与随和自信的人共事。

◇热情！一定要保持你高涨的热情，要对你面试的公司、应聘的岗位、你取得的成就保持兴趣。但是，不要信口开河。如果你的确缺乏兴趣，你的谎言也很容易被看破。

◇诚实！即使是无关紧要的谎言也会成为你被淘汰的关键。

◇积极！要保持积极的态度，即使是在谈论上一份工作的有关问题的时候，也要保持积极的心态。尤其是面对那些棘手的问题，比如：离职的原因、与上司之间的矛盾、资质方面的欠缺等。

◇目光交流！要尽可能地保持与面试官的目光交流。如果你遇到一个不愿意和你进行目光交流的人，你一定会心生疑虑，他是不是有所隐瞒。你一定不希望给面试官留下这样的印象吧？所以，在与对方握手的时候，要看着对方的眼睛；在面试的过程中，也要适时有目光的接触。不过，不要一直盯着人家看，这样高频度的目光交流，与丝毫没有目光交流的效果是大同小异的。

◇把控面试局面。遇到那些经验不足的面试官，千万不要被他们绊住。要充分利用面试前所做的准备工作，尤其当面试官们提出意料之外的问题时。你所做的准备是周全的，你有能力控制整个面试局面，为自己争取更多的表现机会，告诉对方你能为公司带来的利益。

Chapter

03

/ 第 三 章 /

所有面试的必答题

终于讲到这个问题了——请介绍一下你自己吧！

这个问题可以说是面试的常规题，基本上大部分面试的开场都是这个问题，但是，往往就是这个最常规的问题，让很多人过不了关。

与其说这是一个问题，还不如说这是一个要求。但是，这个简单的要求很可能变成你被淘汰出局的关键点。如果你连这个小要求都满足不了，那么，你预期展现的技能、背景以及其他的才华，都将止步于此，你也会因此离开面试场所。

为什么大部分面试官都喜欢问这个问题呢？面试官认为，第一个问题应该活跃现场的氛围，打破双方尴尬、僵持的局面，产生一定的互动，给你一些时间适应这里，然后开始了解你，而这个问题，恰巧足以满足这些要求。

这个问题，你可能需要几分钟的时间作答，那么，如果你表现出一副完全没有准备的架势，你觉得可以吗？当然不可以。我敢保证，这个问题必然在每个面试官会问的前三个问题之中，甚至大部分都是第一个问题。如果你由着自己啰唆下去，从幼儿园的生活讲到中学时啦啦队的经历，你觉得会怎么样呢？你很可能会经历一次最短的面试。

面试官是否在通过这个问题寻找具体的细节处，比如你的身体语言，你的关键词？又或者，就如我曾经对许多缺乏经验的面试官产生的怀疑一样，他是在寻找一种最简单、最便捷的方式，迅速锁定最佳人选。

无论怎样，你完全不必探究其中的原委。只要你已经做足了准备，你就会知道这个机会是你展现自己优势的黄金点，尤其是那些被面试官看重的品质，比如：热情、自信、聪慧、可靠等。

因此，你首先要充分挖掘第一章信息表中的内容，研究一下当初被你列在下面这些条目中的内容，你一定会受益匪浅。

◇我最突出的技能是什么？

◇我在哪方面的知识掌握量是最全面的？

◇我性格上最大的优势是什么？

◇我最擅长做的事情有哪些？

◇我有哪些成就和贡献？

面试官希望听到的内容

作为应聘者，我们要将自己的信息做好总结，这包括：经历、技能、才能、教育背景等多方面的信息，并且按照一定的逻辑顺序将这些信息表述准确。如果你的自我介绍能够与个人经历和目标岗位要求实现最大化的结合，那么，你的这个回答会为你获得很高的加分。不过，一定要注意的问题：首先要保证文字的精炼简洁，自我介绍部分控制在250～300字最好，同时要表述出具体的细节。换句话说，你的自我介绍务必在2分钟之内完成，内容要包括以下几个方面：

◇简单的自我介绍；

◇取得的成就以及贡献；

◇你独特的优势；

◇你的优势能够为目标公司带来的利益；

◇你会在目标岗位上做出怎样的成绩（适当自嘲和幽默）。

绿灯

举个具体的例子。下面是一位名叫Barb的求职者在这个环节中给出的答案，她是一位刚毕业的大学生，她的目标岗位是基层销售。

“我一直都很擅长与不同类型的人打交道，我觉得在这个方面成功的秘诀就在于我出众的口才，以及善于聆听他人心声的特质。”

“I’ve always been able to get along with different types of people. I think it’s because I’m a good talker and an even better listener.”

[开场，她谦虚地介绍了自己的优势，而且告诉面试官，自己具有一个优秀的营销人员应该具备的最重要的品质。]

“我从高中的时候就开始考虑自己未来的职业方向。我得出销售是最适合我的工作。高中和大学的暑假，我都在零售卖场做兼职工作，虽然每年的兼职内容都不同。”

“During my senior year in high school, when I began thinking seriously about which careers. I’d be best suited for, sales came to mind almost immediately. In high school and during my summer breaks from college, I worked various part time jobs at retail outlets.”

[告诉对方，自己是一个有目标、勤奋的人，而且具备一定的相关经验。]

“我和我的朋友们不一样，我喜欢公众场合，喜欢与人打交道。”

“Unlike most of my friends, I actually liked dealing with the public.”

[展现自己对销售的热情。]

“但是，我意识到零售存在着某些限制，因此，我开始寻找其他行业的销售岗位。我发现自己对导购的岗位很有兴趣。我认为，销售就应该像导购一样，先要对目标客户做出全面细致的了解，然后告诉他你的产品能够解决他的难题，最终实现销售的目的。”

“However, I also realized that retail had its limitations, so I went on to read about other types of sales positions. I was particularly fascinated by what is usually described as consultive selling. I like the idea of going to a client you have really done your homework on and showing him how your products can help him solve one of his nagging problems, and then following through on that.”

[表明对目标岗位抱有极大的兴趣。]

“在大学高年级的时候，我完成了一份有关‘导购’的学期论文，然后我就开始寻找能够为我提供向业务经理学习以及锻炼销售技能的平台。”

“After I wrote a term paper on consultive selling in my senior year of college, I started looking for companies at which I could learn and refine the skills shared by people who are working as account executives.”

[通过两个例子，“导购”方面的论文以及寻找公司，来证明自己的主动性。]

“因此，我与贵公司有了进一步的接触。我认为能够与那些促进自身发展的公司精诚合作是非常有吸引力的。我了解到贵公司有着自己的销售培训课程，很有前瞻性！”

“That led me to your company, I find the prospect of working with companies to increase the energy efficiency of their installations exciting. I’ve also learned some things about your sales training programs. They sound like they’re on the cutting edge.”

[证明自己对目标公司以及岗位的兴趣。]

“我认为，在贵公司工作我面临的最大挑战在于，自己未曾学习过机械类专业的知识却要做高科技设备的销售人员。顺便问一下，技术人员是否会对销售提供一定的帮助？”

“I guess the only thing I find a little daunting about the prospect of working at Co. generation, Inc, is selling that highly technical equipment without a degree in engineering. By the way, what sort of support does your technical staff lend to the sales effort?”

[证明自己是一个学习能力强，愿意接受新知识、新事物的人，

而且征求了对方的意见。通过向面试官提出问题，给自己一个缓歇的时间。现在，该由面试官回答问题了。]

这篇简短的自我介绍可以说是不错的，言语间表达出了真诚，各种细节表达确切。

下面，我要给大家展示的是一个具有丰富工作经验的求职者的自我介绍。Ken在自己的领域已经有着十多年的工作经验，现在，他正在申请某个公司的区域总经理岗位。该公司主要的业务是提供商用和民用住宅的整修服务。

Ken非常清楚自己存在的劣势。第一，他先后换了四份工作，也就是说，他换工作的频率比较高。第二，区域总经理的岗位通常要求有一定的管理经验，这是他所欠缺的。而且，目标岗位的职权相当于有着700万元年薪的老总的职权。

不过，幸运的是他对面试官的问题做出了正确的判断。“请你告诉我简历之外的能够让我眼前一亮的内容，让我因此对你做出重新的考量。”这要比“请自我介绍一下”的说法更为激进。对于面试官的这个问题，Ken做好了充足的准备。

“我对这份工作有着莫大的热情。我工作勤奋，对于以前的每一个老板来说，我都是难得的财富。我相信，我的经历会让我成为公司最大的财富。”

“现在，是该产业的发展黄金期，的确，目前市场的竞争激烈程度是以前的市场所无法比拟的，而且我们很难得到真正意义上的帮助。不过，越来越多的迹象表明公司更愿意将商品房的维修业务外包，也有越来越多的双收入家庭会选我们提供的服务。”

“我们要如何获取更大的市场份额呢？我们要如何才能招到有潜质的员工并将他们培养成最优秀的业务员呢？毕竟，人才是企业的立足之本、成功之源。而人才，也是每个企业所面临的最大的挑战。”

“对于贵公司面临的这些挑战，我有能力来迎接。简历无法体现出我的全部，但是，起码可以证明我是一个勤奋的员工。以前就职的每一个公司，我都有过至少一次的晋升。”

“曾经，我是一名普通员工，在这个岗位上我兢兢业业地奋斗过；我也曾作为领导层的一员，安排下属的工作。因此，我有信心能够为该岗位带来活力和生机。我曾经的下属这样评价我：有着优秀的鉴别能力，能够充分理解员工的行为。另外，我的商业头脑不错，尤其表现在为公司控制成本方面。我是一个善于用人，公平待人的领导，在面对客户的时候也能够实现有效沟通。”

“我一直对贵公司抱着钦佩的心情，我很赞赏贵公司的创新，尤其敬佩将这些创新运用到了具体的工作中。”

“我了解到贵公司的业务已经拓展到了草坪的养护上。高中的暑假我在绿化公司做过兼职。不知道现在草坪养护方面的业务进展得如何？”

“I’m a hard worker who loves this business. I’ve been an asset to the employers I've had, and my experience would make me an even greater asset to you." "

"I think these are the most exciting times that I've ever seen in this business. Sure, there's so much more competition now, and it's harder than ever to get really good help. But all the indications are that more and more companies will outsource their maintenance needs and that more two income households will require the services that we provide."

"How do we get a bigger share of this business? How do we recruit and train the best personnel? Because they are, after all, the secret of our success. Those are the key challenges managers face in this industry."

"I can help your company meet those challenges. While resumes don't tell the whole story, mine demonstrates that I'm a hard worker I've had promotions at every company. I've worked for."

"I would bring a good perspective to the position because I've been a doer, as well as a supervisor. The people who have worked for me have always respected my judgment, because they know I have a very good understanding of what they do."

"And I have a terrific business sense. I'm great at controlling expenses. I deploy staff efficiently I'm fair. And I have a knack for getting along with customers."

"I've always admired your company. I must admit I have adopted some of Clean Shine's methods and applied them in the companies I've worked for."

"I see now that you're branching into lawn care I worked for a landscaping business during my high school summers. How is that business going?"

毫无疑问，Ken是一个成功的应聘者。短短的几百个字实现了以下几个目标：

◇引导面试官，将目光锁定在简历的闪光之处。是的，他换了几份工作。但是，听了应聘者的这番回答之后，大部分面试官都会觉得："看，在每一段职业生涯中他都取得了极大的进步和不错的成就。"

◇控制面试的发展方向，按照自己的希望进行。Ken向面试官展示了自己的领导能力、丰富的工作经验，以及对市场的全面了解和阐释。

◇语气谦和委婉。应聘者要尽最大的能力将面试官的视线集中在自己的成就以及职业优势上。Ken将自己定义成"撸起袖子干活"的实干型领导人，也就是说，他可以西装革履与领导把酒言欢，也可以与底层员工谈笑风生。

◇借用一个信息性极强的问题，将发言权转给面试官。

显然，Ken和Barb都对自己要说的话做了充分的准备，但是，他们并没有逐句逐字将发言稿背诵下来。要记住这一点，面试官不是要看你的论文，他们是希望能够和你实现一对一的口头交流。在ken的讲话过程中，我们发现他用了很多专业术语，在与面试官交流的过程中这样的做法是可取的。

红灯

◇缺少目光交流。通常，面试官向应聘者提出这个面试必答题，主要的目的在于缓和气氛，希望建立双方友好面试氛围。所以，按照面试官的期望来行事吧，给他们一点儿反应。

◇在语言的表述中，缺少积极向上的词或者句子。这个问题是面试官提出的第一个问题，也就意味着你走向成功的第一步。要表达你的内心如火的热情，要表达你勇于担当的责任心，要表达你对目标岗位和公司的喜爱，要表达你对成功的渴望，就要使用相应的词语。如果面对第一个问题你就表现得毫无自信（这一点非常重要，因为面试官通常都会觉得应聘者会精心准备这个问题，甚至多次演练），那么，就算后面的表现多么好，也难以扭转局势。大部分面试官会觉得为了减少不必要的损失，都会将这样的应聘者淘汰，以待更有前途的候选人。

◇表达含糊不清，无法体现出具体的成就。如果，你可以将自己经手的工作整合成一篇优秀的演讲稿，那么，一定会为你的面试增分。如果你的回答一带而过，只是表述出了你的观点，但是缺乏支撑观点的细节内容，那么，这个环节就会被扣分。

◇你的表述中含有大量与公司或者工作无关的内容。面试官并不是在问你个人的兴趣喜好，对你喜欢的宠物和冰激凌口味也不感兴趣。如果你的叙述过于笼统或者过于自我，面试官就会怀疑你的工作能力，不过，大部分面试官都会努力挖掘应聘者与工作相关的细节。

◇缺乏热情。如果你看上去对面试的过程丝毫没有兴趣，提不起热情，那么，不会有面试官认为你在入职后会突然对这个岗位产生兴趣。

◇紧张情绪。有一些应聘者在参加面试的时候，对虚拟和充满威慑力的场景都会不由自主地紧张。但是，面试官不会在意这些，他们不会认为你因为紧张而表现不良，反而会让自己的秘书以“紧急会议”为由，终止面试。

◇要求面试官解释所问问题的应聘者。这样的问题包括“你到底想要知道什么？”“你希望我谈谈哪个方面的具体内容？”等。面试官要了解的不过就是你的工作经验、工作技能、教育背景以及所具备的天赋和能力。所以，在面试的过程中，针对面试官不同的提问方式，尽可能将自己的信息展现出来，给出流畅的答案。

= 相关问题

◇你觉得自己哪些方面与众不同？

◇你觉得哪五个形容词能够很好地体现你的特质？

◇按照1~10分的标准给自己打分。

◇你觉得自己的性格怎么样？

◇你觉得自己的个性如何？

对于以上五个问题，看上去虽然有些麻烦，不过，你只需要给出“标准化的答案”即可，而且这五个问题实际上基本是一回事，所以你的回答方式以及内容也大同小异。看上去第一个、第四个和第五个问题似乎更加明确，不过，这五个问题实质上都是有着同样的讯息。

◇我为什么要雇佣你，而不是其他应聘者？

◇我为什么要把你当作本岗位最优秀的竞争者？

◇与其他应聘者相比，你具备哪些优势？

◇你能够为公司贡献哪些才能，并且是其他的应聘者所不具备的？

相比较来说，后面这组问题的语气更为强势一些。面试官通过不同的提问方式，让应聘者明确自己的艰难处境。这或者是面试官的面试风格，也可能是压力面试的前奏，也可能是为了节省时间采取比较强势的面试方式，希望在面试一开始的时候就能够对你的抗压能力做出评估。

面试官们都希望通过一个简单的问题，来对应聘者做出“合格”“不合格”的判断，但这似乎是对应聘者的为难。不过，从另一个角度来看，这也是一个契机，你只需要充分展示自己在面试之前所做的准备即可。

做好迎接“杀手锏式问题”的准备

◇完成个人信息表。如果你没有做好第一章所列出的表，那么请你回到第一章，完成每一个表格的填写内容。

◇提炼关键细节。从你的个人信息表中，将重要的细节部分提炼出来，将这些内容组织成你的简洁、说服力强的开场白。你的开场白要能够体现你对目标岗位的热情、一流的工作能力，换句话说，你要用开场白在面试官的心底种下一颗种子：你就是这个岗位的最佳人选。

◇真诚讲述开场白。切忌将开场白一字一句地背诵下来。没有人希望自己的开场白是死记硬背下的产物，而是应该犹如清泉汩汩而出。所以，你要对开场白了如指掌，要对自己的表述胸有成竹，而不是背诵。你可以将开场白录下来，反复练习，直到你觉得自己的语调足够真诚，而且内容与思维同步为止。

◇选择强有力的正面词汇。要将你对目标工作的热情，对自己的能力、知识维度、工作经验的自信传达给面试官，就一定要使用强有力并且正面的词汇。结尾的时候还要表示你对不同领域的知识有着强烈的渴求。

◇掌控面试流程。这个环节通常是面试的第一步，所以你一定要做好周全的准备，通过这个环节，掌控整个面试的流程，努力让面试官跟随你的节奏向前推进面试。

作为雇员，你有哪些优势？

面试官希望听到哪些内容？

要想完美回答这个问题以及这个问题引申出来的其他方面，你首先要做的就是完成第一章的每一个表格，第二步就是将目标岗位的岗位职责记录下来。这样做，能够使你明确目标岗位的所有职责，然后根据你自身的优势，以及曾经获得的成就，与每一项岗位职责一一关联起来。

假设，你具有神奇的赶工能力，也就是说能够在期限到来之前将自己背负的任务和责任完成，你是一个抗压力很高的人，任何的困难、压力都无法打败你。如果，赶工的能力恰好出现在目标岗位的岗位职责中，那么你就要举出几个相关例子，来证明你在这方面有着绝对的优势。你要选取的例子应该是时间非常紧迫，而且你为这个任务付出了极大的努力，因为只有这样的例子才具有一定的说服力。至少举出两个。

你最好的朋友（大学室友、最喜爱的教授、最欣赏的老板、母亲或其他家庭成员等）会如何评价你？

面试官希望听到哪些内容？

从面试官的角度来说，我更希望听到“你最好的朋友如何评价你？”因为只有你的亲密朋友才是最了解你的心理状态以及生存状态的人。如果你的答案永远是不冷不热、不温不火，我一定会缩短面试的时间——缩短大约50分钟的时间。

有一些面试官会采取另外的提问方式：你觉得你最好的朋友是怎样一个人，你和他有什么不同之处？

这种提问方式虽然没有科学佐证，但是确实符合逻辑性——你和你最好的朋友，一定存在着某些相似之处。因为你描述的不是你自己，而是你的朋友，所以面试官觉得你会挖掘出性格方面的特质，这种特质指的是性格缺陷。如果你描述的是自己，那么这种性格缺陷必然是你绝口不提的。所以，遇到这种问题，一定要将你的朋友描述成积极、乐观、热情、自信的模样。

经验丰富的面试官，通常会利用这个面试题的变体挖掘应聘者某个阶段的细节内容（高中、大学、上一份工作），或者只是为了更加全面地了解面试对象。举个例子，面试官们能够根据你父母亲的说话内容以及谈话方式判断你的成长环境。

你希望五年后的自己做些什么？

面试官希望听到哪些内容？

公司的发展目标与你个人的长期目标是否一致？

你寻求的工作岗位是否具有极大的上升空间，并能尽快实现个人的价值，而面试官清楚地知道这个岗位根本没有多大的发展空间。

你对薪水的要求是否远远超过他们愿意承受的范围？

随着个人的不断成熟和发展及逐年积累的工作经验，你的工作目标和初衷是否已经完全变得不同了？

如果你晋升了经理一职，你是否会改变对工作前景的看法？

如果你觉得应该学会某种特殊技能，你打算什么时候开始落实这个目标，如何实现这个目标？

很多公司都在开展技术的革新，以及调整人事的安排，所以，这样的问题面试官们可能会换成时间跨度比较大的问题，比如：你觉得在三个月（半年）内你会做出怎样的成绩？

绿灯

作为应聘者，你肯定希望自己的目标岗位是一个责任较重的工作。但是，你一定不希望给面试官留下咄咄逼人的印象。所以，在接受面试的时候你尽量要以谦虚的语言开场：

“我在贵公司的发展取决于个人努力以及领导的赏识、栽培和厚爱。”

“Well, that will ultimately depend on my performance on the job and on the growth and opportunities offered by my employer.”

接下来，开始展示自己的优势：

“通过我的工作经历就可以看出我的领导风格以及能力。我相信，在今后的工作中我有能力承担起更大的管理职能。我有兴趣组建自己的团队，制定目标，然后带领团队成员向目标努力。这会给我带来极大的成就感、满足感。”

“I’ve already demonstrated leadership characteristics in all of the jobs I’ve held, so I’m very confident that I will take on progressively greater management responsibilities in the future. That suits me fine I enjoy building a team, developing its goals, and then working to accomplish them. It’s very rewarding.”

这段话实际上要表达的意思是：你希望能够获得更多的责任、更多的下属、更多的空间、更多的薪水。将这样的内容用上面这种比较笼统的话语表达出来，是可行的方式。不过，你不要吃惊，面试官可能会就着你的话继续追问，他们可能借用你的话，探寻深层次的细节：

“请介绍一下你组建的上一个团队。”

“请介绍一下你的团队接手的最后一个任务。”

“在你从事过的所有工作中，你觉得哪份工作给你带来了足够的满足感？为什么？”

“如果我告诉你，我们公司的发展前途非常可观，只要你有足够的能力，薪水、职位都不是问题。问题是，你觉得自己能够走多远？你需要多长时间来实现这个目标？”

红灯

若你回答的内容是“你的岗位职责”，你觉得对于这个毫无新意的回答，大家还能保持兴趣吗？

若你的回答是笼统的、概括的、含糊其辞的，也就是说，你的回答内容没有任何的目标，无论面试官怎样挖掘，依旧如此，那么，你就会给面试官留下缺乏基本的表达能力的印象，或者是无法举出具体的事例来证明。他们会觉得你从来没有规划过自己的人生。最终，他们不会将你的目标和公司的目标做对比，对两个目标的一致性做出评估。

如果你坚持申请同一岗位也会被淘汰。（除非这个岗位是没有任何前途的，这样的岗位只要招到一个能干上三周的员工，面试官们就觉得非常满意了，因为你的表现已经优于前14名应聘者的表现！）

任何显示出你内心不切实际的期望的答案。作为一个明智的应聘者，一定要能够大致判断出自己所在的领域或者所在的公司实现职业生涯的大跨越需要的时间。如果一个应聘者的目标是在两年内实现从前台到首席执行官的跨越，这显然是痴人说梦。对于那些有着雄心勃勃的想法的应聘者，面试官通常都会停下来，重新审视。举个例子，一个应聘者，刚刚从法律学校毕业，他的目标是在4年内找到合伙人共同开办律师事务所（正常来说，一个普通人基本需要7年的时间才能做好准备开一家公司，而律师事务所则需要至少10年的时间来准备），对于这样的目标，即使是一个毫无经验的人事招聘专员，也会怀疑你先前的调研工作的广度和深度。

当然，拥有自信，对未来雄心勃勃，这并没有任何不对。不过，聪明的应聘者要懂得适时收敛锐气。大部分面试官都明白的确有人成功过，但是，未来即将与这样盛气凌人的职员共事，显然没人愿意。

如果面试官对你的回答感到忧虑，他们明白公司无法满足你的条件，无法提供你所提出的需求，更无法对你做出任何承诺，那么，他们就会给你提出这样的问题："如果你成为我们公司的职员，你觉得自己多长时间能够熟悉业务并开展工作？"

哪怕是有着丰富工作经验的应聘者，也一定要知道这件事：不同的公司有着不同的风格，不同的环境决定着不同的学习周期，有的公司是几天，有的是几周，也有的是几个月。所以，所有的应聘者都要留意这个问题，尤其是那些雄心勃勃、盛气凌人的职场新人们，因为这样的人都会努力说服面试官在工作的第一天就拿出成绩。但是，事实上，面试官的真正目的在于评估应聘者的可塑性。如果你恰巧告诉面试官这些技能你已经掌握了，可不是什么好事。

有的时候，可能是面试氛围过于友善，也可能是其他的原因，会让面试者忘了这是一个应聘流程，反而当作是在与朋友小聚或者在酒吧的邂逅。在这种情况下，应聘者通常会将自己准备的完美答案忘却，而是谈到退休或者自己曾经是个企业主等，虽然我无法确定这样的内容是否会让面试官觉得与他们的工作相关，不过，我很认真地告诉你，这样的内容在应聘过程中是不合适的。

= 相关问题

◇你的这些长期目标，哪个对你来说最重要？

◇最近，你是否树立了新的目标？

◇你希望自己的生活有哪些改变？

这些问题有着一个共同点，通过这种问题，你可以展示自己在随着自身的发展和成熟以及逐年积累的工作经验中，你的目标是如何发生变化的。如果你刚刚晋升为经理，你可以具体谈一下这次的晋升对你的职业规划产生的影响。如果你觉得自己某方面的技能需要加强，你也可以和你的面试官坦诚沟通这个问题。

如果只需要打一个响指，你就能改变自己个性当中的某个方面，那么你想要改变什么？为什么？

面试官希望听到哪些内容？

人无完人，你的身上也存在着某些缺点，但是没有哪个缺点是致命性的。传统的职业生涯会给出这样的建议回答："我太过努力工作。所以，除了周日下午五点到七点的固定休息时间外，我应该给自己更多的放松休闲时间。"如果你这样回答，立刻就会将缺点变成你的优势。

对于大部分的面试官来说，他们都比较容易接受那些已经被你改正的缺点，或者在前一份工作中曾经犯过的错误或者得到的教训。这两种回答，无论是哪一种，都会将你的缺点、问题转变成对你有利的方面。

对于这个问题，我通常采用的策略是说出一项明显不具备的资质或者技术，而这种资质或者技能是在我的目标岗位中用不到的。

红灯

承认自己缺乏与工作有关甚至与手头的工作相关的技能，或者存在某个弱势，这种做法不可取。比如，如果岗位工作需要团队的共同协作，但是你却说自己不善于与他人合作。

相关问题

◇你最自豪的一件事是什么？

◇你曾经做过最糟糕的决定是什么？

◇你做过的最丢脸的事情是什么？

◇你最大的缺点是什么？

对于第一个问题，你可能不会太担心，这种正面的问题只需要积极的回答即可。而后面的三个问题就要将负面问题转为积极的回答，因为任何负面的答案都会让应聘者重蹈覆辙（比如，我最不明智的决定就是上一份工作！这是因为……），这很可能就是一个陷阱。

所有的面试官都希望通过一个简单的问题，引发你们之间的对话，这里谈论的问题并没有之前的宽泛，而双方的交流反而会更多。如果面试官用“介绍一下你自己”这样的问题，没有如愿引起你的说话欲望，那么他们还会继续在这方面努力。所以，作为应聘者，一定要将面试官的发言当作标识，将自己没有传达出但是面试官迫切渴望了解到的信息传达出来。

描述你的管理哲学。

面试官希望听到哪些内容？

大部分公司都希望自己的员工具有积极的上进心，能够做到为公司代言，是下属的榜样，在分配任务的时候能够做到一视同仁、公平（当然，不排除面试官本人并不是什么优秀的员工，他希望招聘到的员工都和自己一样）。通常，你的面试官不是墙头草，也不是“希特勒”。

成功的面试者要能够表达出这样的内容：一旦有机会，就会适时把握住大干一场。不过，也要提防一点：不要给面试官留下工作狂、不惜一切手段获得成功的印象。

👍 | 绿灯

我认为，管理的真谛是凭借下属的努力完成自己肩负的任务或者目标。管理者的工作主要在于为员工提供所需要的资源、营造良好的工作氛围，保证员工能够高效率地完成上层所分配下来的任务。

我在从事管理工作时，为了达到我的管理目标，采取的手段包括团队建设、通过工作表现来评判员工、合理分配工作任务、将权力下放到各个员工让他们能够自主做出某些决定等。通过这种管理模式，能够激发员工的工作潜能，能够培养员工对公司的忠心。

"More than anything else, I think that management is getting things done through other people. The manager's job is to provide the resources and environment in which people can work effectively. I try to do this by creating teams, judging people solely on the basis of their performance, distributing work fairly, and empowering workers, to the extent possible, to make their own decisions I've found that this breeds loyalty and inspires hard work."

👎 | 红灯

我在实际的招聘工作中，遇到过各种各样的答案：

"我会想方设法让我的下属喜欢我，这样他们就会努力为我工作。”“我觉得你可以认为我就是一个人来疯。”

对你而言，成功意味着什么？

面试官希望听到哪些内容？

对于这个问题，你的答案要兼顾到个人生活以及职业生涯两方面的例子。如果你的答案只有工作，面试官就会怀疑你这个人不懂得享受生活。反过来，如果你的答案都是在追求个人生活的目标以及取得的成就，面试官们就会认为你对职业没有丝毫的追求。

绿灯

这个问题的最佳答案就是追求个人生活与工作的平衡，可以用下面的方式诠释你所认为的成功。

“我很享受指导和监督设计部门的工作。实际上，我认为凭借自己埋头伏案去设计的效率远远不如与其他设计师共同合作完成的工作效率高。不同于其他的设计师，我知道怎么做能够符合生产车间的工艺要求。”

“所以，对我而言，成功意味着与他人合作设计出符合生产车间的产品。当然，管理部门为我带来了丰厚的物质奖励，这足以满足我出游所需的费用。这是我闲暇时最大的爱好。”

“I have always enjoyed supervising a design team. In fact, I've discovered that I'm better at working with other designers than designing everything myself. Unlike a lot of the people in my field, I'm also able to relate to the requirements of the manufacturing department. "

"So, I guess I'd say success means working with others to come up with efficient designs that can be up on the assembly line quickly. Of course, the financial rewards of managing a department give me the means to travel during my vacations. That's the thing I love most in my personal life. "

红灯

若你的答案存在以下任何一个问题，那么你的状态就非常危险了。及早回头。

◇岗位目标与你的目标不统一。

◇你的答案中心思想模糊不清。

◇你的答案过于笼统，没有具体例子说明自己的成功。

◇体现个人生活的事例过多。

◇与工作相关的事例过多。

对你而言，失败意味着什么？

面试官希望听到哪些内容？

你要做的是用具体的例子说明你对失败的定义以及认识。这是面试，不是电影，理论性的东西在这里并不会奏效。经验丰富的面试官希望了解你曾经犯下的错误，以及做过的不明智的决定，显然，对你来说这并不是一个容易回答的问题。不过，你还是要努力表现出坦诚、对错误的分析、勇于承担错误的勇气（如果那些错误并不是你的失误造成的，而你也愿意承担的话，就一定能够给自己赢得分数），以及避免再次犯类似错误的具体措施（或者为了能够实现一定的改变，已经做过的努力），这正是面试官希望看到的。

绿灯

“对于我来说，失败就是在完全有条件完成某项任务的前提下，并没有将这项任务拿下。举个具体的例子，曾经我做过一个项目。本来，我应该在接下这个任务的时候就意识到时间紧迫，但是我当时却觉得自己至少有48小时。另外，我也并不十分清楚该如何操作这个项目，还没有向其他部门的同事虚心请教，只是按照自己的想法跌跌撞撞地向前努力。如果我能够控制局面的话，我不会让这样的事情再次发生。”

“Failure is not getting the job done when I have the means to do so. For example, once I was faced with a huge project I should have realized at the outset that I didn’t have the time I must have been thinking there were 48 hours in a day! I also didn’t have the knowledge I needed to do it correctly. Instead of asking some of the other people in my department for help, I blundered through. That won’t ever happen to me again if I can help it!”

红灯

在回答这个问题的时候，应聘者一定要避免使用那些华丽但是不够具体的回答，因为这种回答只会让面试官继续问下去，进而了解你这样做的根本原因。

你要时刻记得，面试官提出这种开放式的问题，最终的目的都在于：希望你畅所欲言，尽可能地从你的话语中获得更多的个人信息。因此，你在回答类似问题的时候，都要尽量做到思路清晰、表达到位、例子具体，但是，不要将自己的缺点和盘托出。

= 相关问题

◇你认为什么是“成就”？

◇你认为什么是“挑战”？

◇你认为什么是“困难”？

◇你认为什么是“不可能”？

◇你认为什么是“成长”？

说服面试官你是最适合的人选

◇做好准备工作。尽可能多地搜寻目标公司的信息，明确目标岗位怎样能够促进该公司的发展目标。

◇展现自己的工作经验以及自信心。举出一些与目标岗位有关的例子证明自己是这个岗位的最佳人选。

◇态度要谦虚谨慎。一定要给面试官留下这样的印象：一旦有机会降临，自己必然能够抓住机会获取成功。当然，还要时刻警惕不要给面试官留下自己是工作狂的印象。

◇态度坚决，却不固执。在谈到你的管理能力的时候，要表明自己能够带领团队，而且能够实现下属的成长，并且能够公平分配任务，保证目标的实现。

◇自己的工作经历。展示自己的工作经历，表明每一份工作、每一个岗位都促进了自己的成长。随着工作经验的积累，个人的职业生涯目标也在发生转变。

◇承认曾经犯过的错误。重点在于自己在曾经犯过的错误中吸取了足够的教训，而且举例说明能够做到“吃一堑，长一智”。

◇展现自己的成功之处。一定要将自己包装成是事业生活兼顾的好员工。

Chapter

04

/ 第四章 /

有关学业的问题

作为一个应聘者，如果你有着丰富的工作经验，那么面试官提出的问题往往不太会涉及你的大学生活，所以，就算你的学校并不是像普林斯顿大学那么有名，也不必介怀。或许，在十年前面试官们比较在意你是否上过某个特定的课程，是否参加过某个社团的领导工作，而现在，他们更重视你的工作经验。

但是，如果你是一个刚刚毕业的社会新人，你的工作经验也只是限于商超促销，那么，这一章的内容对你来说非常关键。一份好工作，足够的工作经验是前提，但是没有参加过工作，怎么会有工作经验？

无论是在简历上，还是在面试中，要尽可能美化你的工作经历，即使是一份微不足道的工作。当然，要尊重事实，过分的夸大显然是不可取的。比如：将在摊位上卖热狗或者暑假在沙滩的兼职说成是在某个公司做副总。

那么，这个部分你要怎么做呢？你要做的是专注于挖掘那些面试官希望听到的内容，要努力满足面试官们的需求。

你要展示自己的多才多艺，属于全能型人才，你在学业上能够拿到高分，还具有其他人羡慕的优点，也能够组建自己的团队，懂得如何领导，以及沟通的艺术（这些内容可以通过课外活动、实习以及兼职体现出来）。如果你没有参加过学校的社团或者组织，那么你可以谈一下在学校时参加的其他活动。比如：参加过的兼职，做过家教，辅修了其他课程的学分等。

你的简历中包含的不仅是你的主修以及辅修科目，还要将你所参与的所有课程都包括进去。聪明的应聘者都明白，针对不同的岗位定制不同的简历，只有这样做，才能够让你的简历符合目标岗位的具体要求。

你曾经做过的努力，无论你完成的是怎样的任务，都应该与你的目标岗位具有一定的关联度。事实上，你在暑假期间做的事情通常都与应聘工作无关，除非是相关的实习工作或者兼职。大学期间，你会选择自己的主修科目、辅修课程以及课外活动，大部分面试官都会问你选择这些的理由，因为这会让他们知道你真正的兴趣以及意图，无论你在简历中是如何描述的。

你参加了哪些课外活动

面试官希望听到哪些内容？

大部分的面试官们都希望自己招聘上来的员工是勤奋型的，而不是敷衍了事的人。他们希望在应聘者的身上看到自信、热情、坦诚、活力、可靠、执行力，也就是说，面试官们希望找到那种愿意用百分之一百二的努力来攻克难题实现目标，而且懂得团队合作的员工。

👍 | 绿灯

讲一些和你应聘的岗位或者行业有关的经历，例如，如果你应聘的是报纸、书籍、杂志等相关岗位，那么你可以讲述大学期间校报的工作经历。

你选择讲述的活动最好能够实现均衡。如果你参加了体育俱乐部、文艺社团（戏剧或象棋等）、政治团体，而且曾经做过兼职，与那些只是全身心投入某项体育训练或者某项活动的人相比，即使他们曾经取得过傲人的比赛成绩或者获得过多少奖项，你都是更加适合的岗位人选。

如果你能够证明自己同时具备多项优势（以优异的成绩完成了自己的学业，参加各种社团活动，有过兼职的经历），能够合理地安排自己的时间，这一定会成为你的加分项。下面，我将以某人应聘某杂志编辑岗位为例，为大家提供一个值得借鉴的蓝本。

“我希望有更多的时间为学校校报效力。为了支付学费，我利用所有的课余时间打工挣钱，而且也是通过这些兼职，我学到了很多宝贵的知识，获得了丰富的经验，而这些财富是我的同龄人在工作几年后才能得到的。我学会了与人打交道的方法，也知道如何合理地安排自己的课余时间。”

“I wish I’d had more time to write for the school paper. Whenever I wasn’t studying, I pretty much had to work to pay for college. But I learned a number of things from the jobs I held that most people learn only after they’ve been in their careers for a while, such as how to work with other people and how to manage my time effectively.”

红灯

如果你花费在课外活动上的时间比较多，而你的平均绩点（GPA）显示你在学习上花费的时间有限，并且你的平均绩点低于B，面试官们很可能会要求你解释为什么你的成绩不够突出，而且不挖掘出真正原因不会罢休。

如果你参加了所有的活动，但是没有侧重点，也没有什么突出的表现，面试官们一定不会认为这种情况会在工作后突然改变。

当然，在这个阶段用笑话应对也是不可取的。“约翰逊先生，周末的时候除了喝点小酒，就没什么其他的消遣了。”有时候，说一些恰到好处的玩笑，有些面试官不会产生排斥的心理，不过，并不是所有的面试官都是这样的。换句话说，在面试的时候尽量不要开玩笑，就算要开也一定要注意场合和时机。

= 相关问题

◇为什么选择这些活动？有什么特别的原因吗？

◇在这些活动当中，你最喜欢的是什么？为什么？

◇在这些活动当中，你最讨厌的是什么？为什么？

◇你是否因为自己没有选择某些活动而感觉后悔？为什么？

面试官们提出这样的问题，并不是对你的活动多么关心，而是想要了解你的思维方式、决策方式，以及在决策过程中表现出来的灵活变通能力。

哪些原因促使你选择这所大学？

= 相关问题

◇你为什么选择了这个专业？

◇你为什么选择了这个辅修专业？

◇你最喜欢的课程是什么？

◇你最不喜欢的课程有哪些？

面试官希望听到哪些内容？

如果你主修的专业是文科类的，你就应该介绍自己在各门课程中掌握的知识和技能，比如：写作能力、研究和分析能力、辩论能力、语言能力和沟通技巧等。如果自己所学的课程能够在实际工作中运用，那么你谈论的重点应该放在那些与工作有关联的课程上。

千万不要产生这样的心理：因为自己选择的专业技术含量不高或者没有很高的专业性，因此而忧心忡忡，觉得自己的竞争力远远不及别人，前途渺茫。对于大部分面试官来说，包括那些对专业技能要求比较高的工作岗位，比如英语、历史等专业，他们也希望应聘者能够展现出自己在学校中丰富多彩的生活，以及在学习过程中全方位锻炼自己，从而证明自己完全能够胜任销售/营销/管理职位。

选择该专业的时候你是怎么想的？是因为这个专业简单易学，还是因为这个专业与你的兴趣爱好有关（你参加的志愿者活动、工作及其他活动应当能够体现这些兴趣爱好）？你选择这个专业的原因是你进行了大量的市场调查，认为这个产业的发展前景非常好，所以确定了自己的专业方向，还是因为没有选择的余地，被调剂到了这个专业？你是否想过要主修/辅修其他的专业？你为什么选择了这些专业以及课程而不是其他的？

如果，你应聘的岗位需要极强的技术能力，例如工程师、科学家、程序员等，那么，面试官就有理由对你的专业提出限制性的要求，也就是说，你必须是工程学、化学或者电子信息技术等专业的毕业生。有的时候，某些岗位会有更加严苛的要求：应聘者辅修的专业以及课程也必须与工作相关。（当然，这也不是绝对的，我的一个朋友，他是麻省理工学院的学生，他的主修专业是天体物理学，而辅修的专业则是戏剧。）如果你能够证明自己在高中阶段，就已经对化学、计算机或机械工程产生了浓厚的兴趣，这当然会为你加分。

绿灯

展示给面试官的应该是你培养出来的技能，尤其是那些你通过学习不感兴趣或者不喜欢的课程而得到的技能。如果我是面试官，我很高兴能够听到应聘者在自己不喜欢的领域仍旧做出了一些不错的成绩。我保证，面试官希望在应聘者中找到自己当年的影子，他们总是希望应聘者中有与自己志同道合的人。

当你在谈论某门课程的时候，你说出的内容要围绕话题展开，不要信口开河，说一些与课程关联不大的事情，比如：教师布置的作业量如何，或者某个教授的个性如何等。如果你一直在强调教授的各种不是，这必然会将你打入万劫不复的境地，应聘成功的可能性为零。毕竟，所有的主管都会避免招喜欢抱怨的员工，所以，要想给面试官留下好印象，就不要抱怨。

面试官尤其鄙视那种好高骛远的求职者。所以，如果你要求的薪资待遇要比面试官本人的还高，那你一定不会受到面试官的优待。这个时候，你要告诉面试官，虽然你的学历很高，资质也不错，但是你的工作经验不足。大多数时候，谦虚都是一件有利的事。如果谦虚得当，则更加有利。“我知道这个岗位的任务比较繁琐，不过，我相信每一位在这个岗位上工作过的前辈都会因此而受益颇多。”

红灯

如果你因为某位教授给出的分数不理想或者有着其他不愉快的经历而谴责他，无论是直接的还是间接的，面试官都会因此重新定位你——你是否能够与权威人士友好相处？

同样的，抱怨某门课程/某个学期/某一年的任务量很大也是不可取的。面试官希望选择的是勤奋的员工，而不是懒惰的人。

有的时候，面试官们会很为难地告诉应聘者，你的目标岗位中有些工作内容非常枯燥，我就是这样的面试官。这是面试官设下的圈套，聪明的应聘者不会轻易中招，吐露出自己在工作和学习的过程中遇到的不愉快，哪怕是轻挑了一下眉毛，这种行为也会为你减分。

= 相关问题

◇为什么你改变了自己的专业？

◇为什么调换了选修课程？

◇为什么中途放弃了某门课程？

◇为什么中途增加了某门课程？

面试官希望听到哪些内容？

现在，我们需要再一次讨论整个思路。只要你能够给出足够的理由，这些改变都不是问题。当然，如果你的理由是想换一个比较容易的专业，或者是为了陪女朋友上课，这就另当别论了。

如果你曾经换了几次专业，那么你就要大方地承认，19岁的你心智不够成熟，对未来也没有清晰的规划，不知道该向哪个方向走（不必担心，面试官本人在19岁时也不过只是一个小毛孩而已）。相信我，大多数面试官都会被你的诚恳打动。毕竟，在千千万万个高中毕业生中，没有几个人能够清晰地知道自己将来要成为会计、医院领导、码头的工头。不过，除了这份诚恳之外，你要告诉面试官，你在不同的学习过程中学会了很多具有实用价值的知识，进而成为这个岗位的最合适人选。

你为什么选择与所学专业无关的工作

面试官希望听到哪些内容？

生活，总是会给我们带来各种机遇。我们年轻的时候经常会改变自己的人生目标和奋斗的方向。纵观一个人的一生，几乎没有哪个人的人生是丝毫没有改变的。不过，面对面试官的问题，为什么在这个阶段出现了一次180° 的大转变，你还是要给出一个合理的答案。

如果你的主修专业是地质学，而你的目标岗位与零售业管理有关，那么，你就要做好回答这个问题的准备。当然，你并不是面试官接触到的第一个此类求职者，半路出家早已屡见不鲜。所以，岗位目标超出你的专业范畴，也不是什么稀奇的事情。

话说回来，你要怎么做？面试官要求你过来面试的真正原因，你一定是知道的，对吗？他对你有兴趣。所以，你根本不必因为这个问题而感到慌乱，只要镇定地回答这个问题就可以了。你唯一要注意的就是，你的回答必须是简单明了而且积极向上的：你重新审视了自己的职业目标，你喜欢与人打交道，具备销售人员的素质与天性，了解零售业的经营之道，而且认定这就是你今后的方向。而且，今年地质学相关的岗位只有142个，自己没有应聘成功（害羞一笑）。

说到这里，你可以停下来，反问面试官："我的回答怎么样？"这样是为了让面试官问出自己心中的疑问，考核你是否具有足够的资质。如果面试官确实存在疑虑，那么你就要尽量解释，如何将自己在专业中学到的知识与工作相结合。如果你上一份工作与目标岗位也毫无关联，那么你最好也用上这个技巧。地质学专业的哪些知识能够有效利用到零售业中呢？我没有确切的答案，不过，你确实应该仔细思考这个问题。

如果重新开始大学生活，你会选择哪些课程

面试官希望听到哪些内容？

对于这个问题，你要将内容锁定在那些能够使你更好地胜任目标岗位的课程上。例如，你会选修营销学、会计学以及高级统计学的课程等。另外，你要大方地承认，为了做出正确的选择，你已经尽了最大的努力。

👍 | 绿灯

你一定要利用好这个问题，抓住机会告诉你的面试官，这样的调整在其他人看来并没有任何的价值，对他们的职业发展也毫无益处，但是对于你来说，这些调整将有利于你的发展以及自身的完善，对你来说是非常重要的。

👎 | 红灯

一定不要说，你很想回到学校，因为有更多的约会机会。

也不要说，你选修过的与工作相关的课程将会被排除。

更不要模糊你的答案，让面试官觉得你并没有理解他们的意思。

这是一个很好的机会，你应该抓住。你可以将自己之前做的关于目标公司的信息融入这个答案当中。你可以告诉面试官，如果有可能，你愿意更多地选择一些与应聘工作有关的课程，而不是17世纪的中国文学。

从简历上提到的实习经历中你学到了些什么

面试官希望听到哪些内容?

没有一个面试官会相信，刚刚从大学毕业迈进社会的新人能够在职场上独当一面。职场上的成功，离不开经验的积累以及职业培训。所以，作为一个没有经验的应聘者，你要给面试官足够的时间和空间，全方位审视你，评估你有多大的可塑性。

你谈论的重点应该放在实习是如何完善你的学术知识的。切记，不要和面试官讨论大学生活让你明白了生活的真谛。不懂装懂的人不会给别人留下好印象。

绿灯

展示出你的实习经历是如何补充了学术知识的。

表明是实习的经历让你确定了职业方向。

缜密的回答能够体现你明确的职业目标。

实习单位领导的推荐信也非常有用。

红灯

如果你告诉面试官：大学校园让你认识到了“生活的真谛”。显然，你还活在自己的“象牙塔”中。

与你的目标岗位毫无关系的实习经历，尤其是那些与你的课程、活动相关联的实习，会让面试官觉得你真正的目的不是要获得实习经验。

实习单位领导没有推荐信，或者推荐信的内容很普通，或者你自己对推荐信的评价很不满。（即使你的实习只是考核磨咖啡的技能，也不要将消极的内容带到面试中去。）

= 相关问题

◇为什么你的简历上没有实习经历?

◇如果可以重新选择，你还愿意到这些单位实习吗?

◇你当时为什么会选择这些实习单位?

◇你是出于怎样的原因决定参加实习的?

你最不擅长的课程有哪些

= 相关问题

◇你认为这些课程是否会影响你的职业表现?

面试官希望听到哪些内容?

如果你没有任何的工作经验，大部分面试官都会要求你提供大学成绩单。

当然，如果你的会计课的考试从来都没有及格过，你一定不会申请会计类的工作。幸运的是，如果你的选修课成绩并不高，你可以将原因归结到你将所有的经历都集中在了专业学习上。

每一个面试官都希望招聘到学习上的优等生?

每一个成绩不理想或者失衡的应聘者都注定被淘汰?

如果我是面试官，这样的情况显然不会出现。也就是说，面试官更在意你答案的后半部分，前半部分固然重要，但是也不及后面的解释。所以，如果你的某些课程分数并不高，你就一定要做好铺垫。比如：“是的，先生。我确实没有通过统计分析学课程的考试，不过这门课程与我的专业毫不相关。据我所知，这门课程也与我在贵公司的工作岗位的职责内容毫无关系。”

绿灯

如果你是一个德智体美劳全面发展的好学生，那么，对于这种尴尬的问题你完全不需要做准备。

如果你有几门课程的分数并不是那么理想，那么你就要做好充分准备，给出合理的解释。

如果成绩比较低的课程是选修课，那么你就可以将其中的原因归结到自己将大部分的时间都用在了专业课的学习上，前提是这些专业课的成绩要可圈可点。

如果你有一门专业课的成绩不理想，那么你就可以说自己将大量的时间和精力用在了课外实践上，而且你更看重这些活动，而不是专业课成绩。

红灯

成绩单中有很多“及格”“不及格”。

你无法为自己取得这样的分数做出解释，面试官就会觉得你不在乎分数，或者你的天资的确不够聪明。

你给出的理由也会换来面试官质疑你的理智。比如，你将大量的时间用来帮助朋友拉选票，帮助他竞选学生会主席，这是多么鼓舞人心的一件事啊！显然，这样的活动换来的是你自己的成绩不及格，你觉得这个划算吗？

= 相关问题

◇分数与能力是否对等？

◇为什么你没能获得更加漂亮的分数？

◇为什么那一个学期（学年）你的成绩出现了大幅度下滑？

面试官希望听到哪些内容？

如果你的成绩非常不错，你可以适度自豪，这种情况是可以接受的。

如果你的成绩不那么理想，那么你就应该说出一些让你分心的事情，比如：一份兼职工作，一个难得的机会，一场家庭危机等。

如果你的成绩很差，但是你不想承担责任，那么，没有一个面试官会觉得你就是他们需要的人。

不管你想说什么，想做什么，都不能对面试官的提问抱有敌意。这会让面试官觉得你没有理智解决问题的能力。他们会觉得，这样的人在遇到事情的时候往往不会考虑后果的严重性。

为刚毕业的大学生们提供的几点建议

◇勇于提出自己的难题。如果遇到了难题，需要你的面试官帮助的时候，请勇敢地提出来，让你的面试官知道你需要他的帮助。事实上，没有哪个公司会奢望招聘到的年仅22周岁的员工是无所不知的全才的。即使你在22周岁的时候就已经懂得了所有的人和事，那么也请你尽量保持低调。

◇承认自己并非无所不知。你并不知道所有的答案，也就是说，发言的时候最好用“我想”或者“以我个人对该产业的了解”这类的短语开始。

◇莫因前路艰险而畏惧。告诉你的面试官：“我明白这个岗位涉及的任务比较繁琐，不过我相信每一个在这个岗位上工作过的前辈都因此而受益颇多。”

◇如果你对专业的选择或者职业的方向上比其他人晚了很多，勇于承认，这并不丢脸。没有谁在十八九岁的时候就能够确定自己的方向。大部分面试官都能够理解你为什么在大学期间转换了自己的专业。展示自己的优势，证明你是这个岗位的最佳人选。

◇不必告诉面试官谁承担了你大学期间的学费或者是通过哪种贷款完成了学业。你完全可以告诉对方，你是如何获得全额奖学金，或通过打工挣到自己的学费的。

Chapter

05

/ 第五章 /

你有丰富的工作经验吗

大部分面试官会将关注的焦点放在应聘者的工作经验上，这一点是毋庸置疑的。无论有多不舍，你已经走出了那个象牙塔，不管是十年前还是上周，你已经走进了社会这所大学。那么，在这所大学中，你又学到了什么呢？一些面试官认为，可以从你的过往经历中预见你未来的样子。如果你的性格上确实存在某些弱点或者缺陷，他们觉得，在曾经的工作经历中这些问题已经暴露出来了，也就是说，你的这些问题都是有迹可循的。

所以，你要做好充分的心理准备，一旦被问到某些工作经验的时候，才不至于措手不及。尤其要准备好最近的两三份工作的具体情况，保证答案的内容都是积极向上的。

下面，我给大家介绍一下面试官可能会问到的一些问题。

介绍一下你就职过的最近的三个岗位

= 相关问题

◇请说明你的职责任务以及你的工作表现。

◇简单介绍下你的上司以及同事。

面试官希望听到哪些内容?

这可真是一个好问题，可以说是“广撒网，多捞鱼”，一个问题，面试官们第一能够评估出你的总结概括能力，第二可以判断出你是否能够将这些数据整合成前后贯通的经验，第三能够看出你未来三年、五年、十年或者更长的时间个人的工作能力。面试官们提出这样的问题，通常是想确切了解你每一段工作的具体内容是什么，寻找你叙述的不顺畅之处，了解你经历过的种种细节，并且对你的回答内容进行评估，判断出你的工作经历以及技术能力是否符合目标岗位的职位要求。

绿灯

如果，你能够用简洁明了的语言将自己的工作经历以及相关技能表达清楚，并且达到积极的正面效果，那是最好的。

你要将自己的工作经验与技能和目标岗位的具体要求联系到一起。

要保证你的回答呈现阶梯状：威信、责任、酬劳、下属人数的增加以及专业技能的逐年提高等。

红灯

作为面试官，我最忌讳的是求职者反问："您究竟想知道些什么？"我认为，对于这个问题其他的面试官一定也不喜欢。而我会这样回答："我想知道我刚刚提出的那个问题的答案。"

如果你的回答出现与简历上矛盾的事情，比如工作日期、职责、头衔等，你可能会说，你参加了一些没有体现在简历上的工作，这种情况在面试中会经常出现。如果你在面试的时候出现这样的状况，经验丰富的面试官一个问题就会让你直冒冷汗："你的简历上表明你2002年的时候在××公司任职，但是，你刚刚说在那个时间段你在另外一家公司工作。对于这一点，你怎么解释？"

我自己也是聪明一世糊涂一时。我曾经也在这个问题上犯过错误，贻笑大方。在我从普林斯顿毕业后的5年当中，我唯一的梦想就是希望成为能够靠写作糊口的全职作家。这并不是一件容易的事情，所以我会找各种短期兼职来做，通常都是干着几份兼职。当然，与此同时我还坚持大量地写作，短篇小说、报纸、杂志专栏、戏剧、银幕剧本甚至图书等都有所涉猎。写作也给我带来了一定的收入。

我到底做过多少份工作？几十份是有的，短的做了一天，长一点的做几个月，还有一份是做了两年。

虽然我做过这么多的工作，但是我在自己的简历中只显示了一份，这是因为那份唯一做了两年的工作的老板非常善良，他同意帮我圆谎，而我善意的谎言则是自己在这个贸易协会全职工作了五年。

我在一家大型杂志社应聘的时候，不到十分钟，我这个谎言便不攻自破。因为，在面试官问我在其他的两三份工作中我学到了什么的时候，我吞吞吐吐不知道如何作答。是的，这两三份工作并没有体现在我的简历中。在面试结束的那一刻，我突然明白过来，自己做了一件多么愚蠢的事情。

总之，在面试的时候，不要编造不实的工作职能或技能，否则很可能会导致你面试失败。起码我曾经就是这样。

不要抱怨你曾经共事的老板、下属以及同事，包括任何形式的抱怨。对于那些只是一味谴责他人的应聘者，面试官通常不会留下好印象。即使责任不在你，但是归咎给别人这一行为都会对你产生不利的影响。

大部分面试官都会质问你为什么没有得到上司的认可，也就是为什么一直没有升职，甚至还会有面试官问你为什么出现了降职的情况。对于这些问题，你一定要提前考虑好，做好一定的应对准备。

你最喜欢的工作是什么

面试官希望听到哪些内容?

面试官希望听到具体的职责描述。

👍 | 绿灯

如果你喜欢的工作和现在的目标岗位存在着一定的差异，或者在某些方面有着非常大的差异，若是你能够给出合理的解释，证明自身的条件更适合这个岗位，也是完全可以接受的。

👎 | 红灯

不要描述任何你干过的最喜欢的工作，这都是不妥当的，因为目标岗位与最喜欢的岗位可能没有关系。

“我做过的最喜欢的工作是在WNSD电台做节目策划。因为在那里工作氛围非常宽松，着装以及工作时间都比较自由，领导们也不会干涉我的具体工作。这些都让我非常喜欢。我可以独立策划自己的节目，不需要其他人插手我的工作。每周我只要工作20个小时，就可以将分内事干得非常好。其他的时间，我用来寻找创意，策划新的作品。”

“My favorite job was at WNSD radio. It was very loose and informal and there was little supervision, which I really enjoyed. I had the freedom to program my own shows with little or no interference and only had to put in 20 hours a week to actually get my work done, so the rest of the time I could write or think up new creative ideas.”

这个答案看上去还是不错的，除非你申请的工作不是为公司的四个高层领导做助理之类的工作。对于等级制度森严的公司，每周加班10个小时的情况并不罕见，这就与你期望的自由背道而驰。

不过，如果你上一份的工作提供旅行出游的福利，而目标公司并没有这个福利的话，这并不是什么重要的问题。如果你上一份工作内容是丰富的，而这份工作的内容比较单一，这也不是什么问题。如果你的答案与你的目标岗位职责存在着比较大的矛盾，那么，就有问题了，这种情况下，大部分面试官都会觉得你的工作经历并不符合目标岗位的岗位要求。

谈谈你曾遇到的最好的老板

面试官希望听到哪些内容?

这个问题的最终落脚点应该是尽量讨面试官的欢心。如果你的面试官对你提出这个问题，你就应该将最好的老板的形象描绘成你对面的面试官的样子。

不过，为了万无一失，在回答问题的时候还是要遵循黄金法则：大部分的面试官都希望听到这样的话，你的老板注重你的个人成长，会为此给你提供良好的环境和氛围，为你的个人成长出谋划策，肯定你的能力。

我希望你最终会遇到这样的领导。

反之，你最不喜欢的老板是什么样子的呢？在这个环节中，一定要注意控制好自己的情绪，千万不要用刻薄的语气控诉自己遭到的不公平的待遇，因为面试官会觉得出现这样的状况，问题在于你与他人的交流能力不足。举个例子来说，如果你觉得你的老板对某个员工情有独钟，面试官就会觉得为什么你的老板赏识的不是你？如果你觉得你的老板在监督你的工作，面试官就会觉得你没有得到老板的信任。那么，面试官就会对你完成任务的准确程度、预算安排以及时间进度等方面存在疑虑。

绿灯

若你能够意识到这个问题实际上是给你重申自己丰富的工作经验、取得的成绩、自身过人的素质等内容的机会的话，那么，你离面试成功就不远了。当然，并不是所有的老板都是称职的老板，不过，聪明的应聘者会将老板的失职放到积极的语境当中。比如，你说你的领导“对知识很吝啬，不愿意与别人共享”，这证明你有强烈的求知欲望。同样，如果你说领导对你“不闻不问”，事实上你是在暗示你的团队没有合作意识。

事先做好回答的准备非常重要。

红灯

慎重使用任何具有否定意义的词。

不要将自己的过失推到领导的身上，这是自杀的行为，比如：“为了提高南太平洋地区调料架的销售额，可以说我很努力地工作，不过收效却微乎其微。我的上司几乎连一件东西都卖不出去，她觉得我做的所有工作都没有意义，总是让我停下手头的工作去做评估报告。所以，我用了大量的时间在写那些不必要的报告和参加会议上面，而会议的内容大多数情况下都是在讨论为何我没有完成自己的销售指标。销售指标定得简直是不切实际的，而且我没有任何机会发挥我的特长和能力。我希望我的上司给我足够的发展空间。”

“You know, I had to really work hard to learn how to sell spice racks in the South Pacific, but it sure didn’t help that my boss had never sold a darn thing to anyone. She seemed to think that everything I did was wrong and constantly called me out of the field for evaluations. I spent so much time filling out unnecessary reports for her and attending meetings to discuss why I wasn’t reaching my unrealistic quota that I never had a chance to succeed. I hope my new boss just leaves me alone.”

现在回想一下，你是否采取过某些方法来改善与上司的关系？

绿灯

如果你立刻明白了面试官们的用意，答案当然是肯定的。更多的工作经历会让你明白怎样才能更好地接受别人的意见。在你明白了你的上司所肩负的重大压力的时候，你就能够明白他为什么对你如此严厉。通过这个问题，你要展示给面试官的是你的工作经历、敏锐的洞察力以及更加成熟的心智。

红灯

“我再也不想和那个傻瓜共事了！他总是将自己的快乐建立在我们的痛苦之上，还乐此不疲。我们往他的邮箱中加了点糖，真解恨！”

谈一下在上一份工作中取得的最大成就

= 相关问题

◇上一份工作对你的整个职业生涯有着怎样的意义？

面试官希望听到哪些内容？

你回答的重点要放在你近期取得的成就上，需要注意的是，你要确保你的这些成就与你的目标岗位有一定的关联。

举个具体的例子，我有一位朋友，她从事了多年的编辑工作，但是，在回答这个问题的时候，她却将重点放在了自己被很多公司的营销部门聘请去撰写促销广告的文案工作上。她这样做的原因是她想改变自己的职业生涯方向。她希望面试官能够将目光从她的编辑经验上转移到她在市场策划营销方面所取得的成就上。

如果你能够列举出自己如何登上职业的高峰的例子，也是很不错的回答。比如：

"我会静下心来，倾听顾客们的真实诉求，而不是急于将自己的产品卖给对方。"

“我发现自己对美国的S型有限责任公司（指依据美国内地税法第S小节规定课税的公司）的了解非常少，因此我报名了一个税务进修班。”

听到这样的回答，面试官会认为你确实认真考虑了实现目标的策略，而不是盲目展开行动，这样的回答会给面试官留下很好的印象。让面试官知道你会定期反思自己的行为，面试官就会认定你有着出色的独立思考和解决问题的能力。

红灯

大肆宣扬那些与目标岗位没有任何关联的成就，对你来说毫无意义。

当然，用自豪或者沮丧的语气说一些无聊、可有可无、轻浮、引人怀疑的成就，这当然也是不可取的：

“最终，我克服了自己的好睡症，不再赖床，每天按时上班。”

“我私自决定为志愿消防部门提高25美元的薪水。”

“上司交给我的信件我都会在那个星期就打印完成，就算是占用我一天的时间也在所不辞。”

在你的职业生涯当中，你觉得最大的失误是什么？为了防止这样的问题再次发生，你采取了什么措施？

面试官希望听到哪些内容？

你要注意，在你打算敞开心扉之前，你要记住，你对面坐着的是面试官，不是神父，你所在的场合是面试场，不是教堂，你是来应聘的，不是来忏悔的。现在，和盘托出自己所有的过失以及缺点，并不是妥善的办法。但是，如果你假装自己是完美的，是无可挑剔的，这显然是虚假的。最好的办法就是承认自己在某个方面曾经犯下过失，或者存在一定的弱点，显然要无关紧要的，然后，说明自己采取了哪些措施，预防此类事件再次发生。

那么，什么样的过失或者缺点看上去不那么重要，是完全可以接受的呢？通常来说，我们要换个角度，让这些错误和失误看上去是闪闪发光的。举个例子：

◇我对自己的要求特别高，遇到问题的时候，我就会不自觉地将责任揽到自己的身上。

◇我完全无法容忍拖拉的工作风格。所以，每次我都会确切了解产品生产需要的所有步骤，避免出现停滞的现象。

◇我发觉自己是一个工作狂。不过，我现在已经开始阅读关于时间管理方面的图书，希望能够改善这种情况。

你要与面试官分享的，最好是你在刚参加工作的时候犯下的过失，举一个与目标岗位毫无关联的例子。

千万不要承认自己的某些会对工作产生负面影响的缺点，例如：拖拉、懒惰、注意力不集中等。

绿灯

承认一个曾经犯过的错误，不过，这个错误的责任并不完全在你。作为面试官，我比较欣赏那些将不是自己的错误勇于承担的应聘者。

如果面试官要求你举一个与公司相关的失误，你一定要表明自己已经意识到了错误，而且吸取了经验教训，再也没有犯过这样的错误。

红灯

宣称自己从未犯过错。

举出一个与工作毫不相关的例子。

无论你说的是什么失误，你都没有向面试官表明你有承担责任的勇气，或者面试官们认为你没有吸取教训，觉得你没有长进。

直接告诉面试官："这种情况绝对不会发生第二次。"这种说辞不切实际，这样的话只会让我们这些面试官怀疑你的判断能力。

承认某个与工作密切相关的弱点显然也是不妥的。"我一直都看不惯上司们的脸色，每一位都是。不过，我觉得我会喜欢你的。"

= 相关问题

◇你最大的劣势是什么？

◇你做过的最糟糕的决定是什么？

◇你认为自己至今没有克服的最大的缺点是什么？

经验丰富的面试官通常还会问这样的问题，为的是挖掘出关于你的更多的信息，将你放在聚光灯下，一览无遗。他们关注的只有细节。比如，如果你说自己最大的劣势是害怕他人代劳你的工作，因为你希望能够在最短的时间里完美完成，面试官就会继续问你：和我说一个你最近的事例。事情是怎么发生的？如果给你重新选择的机会，你会怎样做？会采取怎样的不同方式？

面试官深入探寻这样的问题，目的就在于更好地了解你的性格特征，你的抗压能力，在面对失败、压力或者在成功的时候的控制能力，以及对责任承担的勇气，尤其是那些不是你的责任导致的不良后果以及错误的决定。

曾经的职业生涯中，是否有过管理经验？

面试官希望听到哪些内容？

在大部分的公司中，升职就意味着管理他人。如果你的目标岗位是管理者或者是储备干部，那么，面试官就会考核你的管理能力。

所以，就算你没有实际的管理经验，对于这个问题，也要积极正面地回答。不管下属是否认可上司的管理方式，那些有着丰富管理经验的求职者要比那些毫无管理经验的新人更会赢得面试官的认可，因为前者有着更加成熟的为人处世能力。更重要的是，有着管理经验的求职者从他的下属身上吸取了自信的力量。

如果你恰巧有着丰富的管理经验，那么你就要用事实为自己代言：你有过多少位下属，在你的领导下他们的工作实现了怎样的突飞猛进，这些都是不错的谈资。

如果你没有这样的经验，那么你要怎么办呢？在这种情况下，你可以将“领导”这个词替换成“管理”，然后，你可以讲一下你组织的活动，你在协会当中起到的积极的作用，你与志愿者合作完成的任务，如何促使各个成员达成意见统一，等等。对于这种能够表明自己具有管理人员的能力的事例，你都要说出来。

绿灯

除了与面试官们分享工作中的管理经验之外，还可以与面试官分享在同样规模的部门中作为领导带领人员开展活动的种种细节。

领导不同的对象，需要的技巧是不同的。对于这一点我们要肯定，没有领导经验时，也要如此。

红灯

如果你没有丝毫的管理经验，千万不要应聘需要丰富管理经验的岗位。（记住，红灯部分的内容，列举的都是面试官们会产生犹豫、反感的内容，并不是一定会将你淘汰出去的内容。如果一个公司只是招聘那些有丰富管理经验的员工，那么他们如何培养一个明日之星呢？）

尽量避免出现不良的管理经验。（是的，在上一份工作，我有两名下属，他们都是只拿钱不干活的人。）

切勿给面试官留下这样的印象：没有管理能力，认为管理只是升职和加薪。你要将管理当作是更多责任的化身，对技能的要求也会相应提高。当然，也不要表现得不耐烦，毕竟，管理经验可以在日常的工作中逐渐积累。

你认为哪种人最难相处

面试官希望听到哪些内容?

不要急于回答这个问题，这是一个隐形的地雷，一触即发。如果你回答的是“强势、鲁莽的人”，若恰巧面试官本人就以“粗率”而闻名的话，可想而知你将会有怎样的下场。

👍 | 绿灯

我曾经面试过一个应聘者，他给出的答案非常完美：

“不久前，我恰巧和我的上司谈论过这个问题。他说我对那些执行能力不强的下属不够耐心。他说，世界上大部分的人都是平凡人，只有一小部分人可以做到优秀或者良好，而我却要求身边所有的人都能够做到极佳的水平。所以，我觉得自己真的很难与那些表现平庸甚至是比较差的员工相处。我做不到接收那些完成得比较差的工作，不过，我在尽力调整自己的心态，努力做到温和和耐心。”

“I was discussing this problem with my boss just the other day. He told me I'm too impatient with slow performers. That the world is filled with

C, rather than A or B people, and I expect them all to be great performers. So, I guess I do have trouble with mediocre and poor workers. I don't expect to ever accept poor work, but I'm learning to be more patient."

难道真的这么"恰巧"吗？不久前才刚刚探讨过这个话题？这个讨论真的发生过吗？很可能没有。但是，谁会去探究这件事到底有没有发生呢？这样的回答显然是完美的，回答的内容也很有价值。难道那些优秀的人就不能对反应慢半拍的员工有一点儿不满吗？而且他还叙述了自己为了改变这些问题所做的努力，回答的内容很短，但是听上去真的很舒服，并且完全符合问题。

红灯

不要给出笼统或者模棱两可的答案，否则面试官会觉得你缺乏分析问题的能力，并且无法做出准确的自我评估。当然，最根本的问题在于，你不愿意回答这个问题。不过，你要知道，这样的问题，包括类似的问题，随时可能会被问到。类似的问题如：

你认为自身最大的弱势是什么？

你曾经遇到的最难相处的领导是怎样的？

你曾经遇到的最大的挫折是什么？

哪种人比较难与你相处？

面试官希望听到哪些内容？

如果你用“没有”来回答这个问题，面试官就会觉得你是在回避他的问题，或者你的神经比较大条。所以，一定要用心准备这个问题的答案。我的建议是应聘者与面试官分享一则简短的故事，用幽默的语气，分析那些人与你相处比较困难的根源。

我有一位朋友，和我分享过他第一份工作的经历。当时他刚刚毕业，很幸运地被一家国有企业录用了，这是这家公司六年来第一次招聘新人。当时，他对成功有着迫切的需求，而且旗开得胜。从入职的第一天开始，他就拼命工作，努力的程度远远超过了那些工作了多年的前辈们，因此，他逐渐成为前辈们厌恨的对象。

所以，他的答案是现成的，尽管无法证实，但的确是很高明的招数。

你觉得我们公司最大的竞争对手是谁？

面试官希望听到哪些内容？

可以说，这个问题与我们之前探讨的问题并不是同一个范畴，但是，就是有一些面试官会在面试的时候提出这个问题，或者提出相似的问题。如果你对公司的基本运作情况并不是那么了解，立刻就会暴露你的准备工作不充分。如果你能够做到很好地把握公司在行业中的地位，能够分析出公司与竞争对手的差异，能够说出公司产品的优势、劣势，能够讲出整个行业发展的趋势，并且有一定的事实根据的话，面试官们就会觉得你做了充分的准备，看到了你的诚意。当然，这个问题也会涉及你的个人能力等方面的细节问题，不过如果你恰巧符合公司其他的要求，你对公司的这些了解，就会成为你胜利的法宝，顺利入职。

当然，如果确实不知，可以含糊其辞、坦诚相告，或者保持沉默，虽然这并不会成为导致你被淘汰的直接原因，不过，我从面试官的角度来看，这是一个重大的缺陷。

= 相关问题

◇与竞争对手相比，我们最大的优势是什么？

◇我们最大的劣势是什么？

◇你认为我们新产品中的哪一款市场前景最好？

◇你觉得我们公司面临的最大挑战是什么？

◇你如何看待整个行业的走势？

自我的全面展示

你着装的风格与你个人的作风并没有必然联系（在某些公司中，存在着特殊职位有着特殊着装的要求，因为在这些公司中，着装与身份密切相关）。通常来说，你的商业作风是通过你的言谈举止表现出来的，其他的人会根据你的各项素质做出主观判断。

你是否能够愉快地与上司/下属/同事相处？你的管理哲学是什么？你擅长独立完成任务还是与团队合作完成？通常面试官会通过这样的问题来评估你在工作上的表现，以及你与同事的相处情况。

当然，面试官们对应聘者做出最终决定的依据是应聘者给他们留下的主观印象。毫无例外，面试官们会评估应聘者的行事风格与公司企业文化、他们自己的行事风格、整个团队的风格的匹配程度。所以，这里的“绿灯”版块给出的答案会让面试官觉得你就是他们苦苦寻找的那个人。反之，“红灯”版块的答案会让面试官们觉得你的风格与公司、团队、面试官本人的匹配程度还有待考证。在这个部分，面试官们关注的重点不再是应聘者的答案是否具有严密的逻辑性，是否足够缜密，而是借由这个问题判断出应聘者是否能够与团队、部门、公司的其他员工和睦相处。

下面这组问题是很可能在面试过程中被问到的，主要考察的是“风格”的问题。

你认为自己是一个做事情极富条理性的人吗？

面试官希望听到哪些内容？

就算你认为那些桌面极其整洁的人一定存在着某些心理问题，也不要流露出鄙夷的神情。用最为详尽的语言，展示给面试官你积累了哪些组织经验，包括时间管理、项目管理、需求评估以及委托他人等。另外，一定要告诉面试官，这些经验是如何提升你的工作效率的。

在这里，我要提醒大家一点，一定不要太过极端。没有人会想要雇用那些谨慎到连抽屉中有多少根回形针都知道的员工，也没有人愿意雇用那些做事毫无条理，连今天是星期几都不知道的人。

= 相关问题

◇描述一下你目前办公室的场景。

◇描述一下你办公桌的桌面。

◇你文件夹中前五个文案的内容是什么？

◇说一下你每天上班第一个小时会做什么？

你能否有效管理好自己的时间?

面试官希望听到哪些内容?

对于这个问题,我希望你能够问心无愧地说“是”。告诉面试官你是一个积极的人,你从来不会将今天的事情拖延到明天。即使你做不到这样,也不要傻傻地说,刚刚面试迟到了15分钟是因为闹钟坏掉了。这显然是在提醒面试官,你并不善于管理自己的时间。优秀的员工往往会为自己树立目标,合理安排工作的先后主次,然后将自己的时间合理分配给各项工作内容。

如果面试官的提问比较笼统,你则要尽量给出具体的例子。下面,我会为大家展示几个可以参考的例子:

“我很少将工作拖延到最后的期限。一旦局面超出了我的控制能力,我会尽力将失去的时间弥补回来。”

“我每天早上第一件事就是为自己列出一张工作清单,将自己需要完成的工作记录下来。如果出现临时需要完成的工作,我会随时添加,然后重新调整工作清单上的重要顺序。”

“我非常喜欢与同事们打成一片。不过,如果我要完成某项重要工作的时候,需要集中精力,我就会给自己安排出单独的时间,尽量将各种干扰因素排除,专心地完成我的工作。”

面对改变，你会如何应对？

面试官希望听到哪些内容？

作为面试官，我当然希望听到应聘者的回答是：随机应变，毕竟商场上情形总是瞬息万变的。为了确保公司的竞争力，公司要适应技术革新、人事变动、权力的更替、商业结构的变化、公司提供的服务甚至公司产品的调整所带来的一切影响。因此，要求公司的全体人员都能够适时实现角色的转换。

在用具体的事例说明自己在工作中遇到的各种变化的时候，一定要保证选择的事例是向着积极的方向发展的。我们要用铁一般的事实向面试官证明，尽快变化存在着种种困难，但是我们克服了这些障碍，并且从某种程度上受益于这些改变。

“前一阵，我的老板认为公司有必要开个可视化网店。他将这个任务派给了我，而且安排了一名设计师协助我的工作。他要求我们在8周内将这个项目从调研阶段推进到实际操作的阶段。实际上，我对电脑技术存在着一定的弱势，而且也不善于在网络上与人沟通。我觉得，老板将这个工作交给我来做最主要的原因就在于我有着良好的适应能力。

“对这个项目，我们先是进行了非常深入、仔细的研究，考虑了所有的可能性，然后制订了具体的计划，老板对我们的计划表示非常满意。然后，我就开始和设计师合作，在我们俩都从未接触过的全新的媒介建立我们的商品数据库。网上销售开始的第2个月，销售额就比前一年同期增长了7个百分点。”

"Recently, my boss decided our company needed to develop a virtual storefront on the Web. I was given the task, along with a designer, of taking the project from the research phase to operation in eight weeks. I didn't have any special expertise in the area of computers and online communications, so I have to assume I was given the task because I adapt well.

"We researched the subject, examined the alternatives, and presented a plan that was accepted. Then I worked with the designer to present information in a medium neither of us had ever worked with before. In our second month online, sales were up 7 percent over the same time last year."

你是如何做出重要的决定的?

面试官希望听到哪些内容?

到此刻，你应该对目标公司的企业文化有了一定的了解。因此，一定要让自己的答案与企业文化相匹配。

举个例子，如果你的目标公司是一家经济服务公司，那么你就不要将自己描述成一个只是凭直觉完成任务，而不是用数据说话的人。同样的，如果你是要应聘空中交通协调员的话，那你最好不要承认，在做出最终的决定之前，你经常会犹豫迟疑。

面试官们最关心的几个方面是：你是否具备一定的分析能力？你是否非常富有创造力？你是否愿意博采众长，将有能力的员工纳入自己的团队当中来？你的回答最好能够符合这几个方面。

如果你应聘的是一个管理职位，你肯定也希望展现出自己高超的人际关系处理能力，你有着娴熟的管理方式，或者说，你与最优秀的管理人员相差不远。

你可以这样回答：

“需要我做出重要的决定时，我都会征询其他人的意见。我总是力图将所有的因素都能考虑周全。当然，最终的决定权在我手上。我想这就是人们说的高处不胜寒吧。你的职位越高，你要肩负的责任也就越大，需要做出的决定也就越多。”

“When I m faced with an important decision, I ask the advice of others. I try to consider everything. But ultimately, I’m the one who decides. I guess that s why they say, It s lonely at the top. The higher you go in management, the more responsibility you have and the more decisions you have to make by yourself.”

显然，这是一个看上去很不错的答案。不过，这个回答可能会引发面试官们的好奇心，他们会让你举出具体的例子，与他们分享你究竟是如何做的，说些类似于“好的，说一下你最近做出的最重要决定，好吗？你是如何做出这个决定的？这个决定带来的影响是怎么样的？”这个时候，你举出的例子就显得非常重要了。你的例子是否能够体现上述的各种品质呢？是否能够说明你解决问题的能力呢？你的例子是否会让人觉得你是在滥竽充数呢？

对于来自工作的压力你能否从容应对?

面试官希望听到哪些内容?

对于这个问题，应聘者理所当然会给出肯定的回答。如果要更好地回答这个问题，你还要给出一个具体的例子。当然，一定要保证选择的例子不会暴露你的某些缺点，比如，办事拖拉，或者缺乏预见性等。

= 相关问题

◇说一下上一次由于自己面对这比较大的压力而犹豫不决，或者因决策失误犯下重大错误的经历。如果再给你一次机会，你会怎么决定?你会如何对待?在那之后，你是否碰到过这样的事情?你是如何应对的?

到现在为止，你应该已经深切体会到我一直在强调的面试官的提问方式的内容。经验丰富的面试官一定会打破砂锅问到底，希望挖掘出应聘者更多的细节信息。面试官们之所以这样做，主要的原因在于他们相信你对于面试已经做好了充分的准备，但是，面对如此复杂的问题，你很有可能出现失误，或者是夸大了某些事实，或者是忽略了某些事实。

你是否对问题有预见能力？你是否习惯了被动接受和消极应对？

面试官希望听到哪些内容？

所有人都会遭遇到突然事件的袭击，都会有惊慌失措的时刻。避免这种情况的最好办法就是凭借自己的预见能力。举个例子，我有一个朋友，是销售经理，他要求下属每周上交一份报表，将所有积极的、消极的因素分析出来。然后将这些报表呈递给他的上级、公司的生产部门、运输部门以及销售部门，确保各个部门之间的通力协作。他这种做法促使公司的产品销量节节攀升，经济效益极为显著。这样的回答都会迎合面试官们的癖好。所以你要尽量举这样的例子。

你是冒险主义者还是保守主义者？

面试官希望听到哪些内容？

大部分情况下，最理想的答案是兼具两种类型。面试官提出这个问题的目的是想要了解你是否具有创造能力。你是领头羊还是羊群里最平凡的一只小羊？另外，他们还想知道你是否会成为公司散漫的炮兵，随时都可能忽视公司的规章制度，领着骑兵部队打败仗。

这个问题与企业文化休戚相关。面试官们希望招聘到能够带领公司突出重围，向前飞跃的员工。但是，他们绝对不希望你越权。

= 相关问题

◇说一下你上一次的冒险经历。那次的选择是正确的吗？如果可以重来，你是否还会那样选择？

如果可以重新开始，你愿意做出哪些改变？

面试官希望听到哪些内容？

面试官们更喜欢用疑问句引发应聘者的思考。他们希望应聘者在被问及职业生涯以及教育背景等相关问题的时候，能够知道自己的底线在哪里。如果你卸下自己的全副武装，是否还可以从容应对面试官的提问？

除非你确实想要改变自己的职业方向，否则你的答案必须呈现出你一定会按照既定方向往前迈步：你热爱你的职业，即使重新选择，你也还是会毫不犹豫地选择这个职业。

你可以模仿电影演员的说法："后悔？一开始的时候确实有一点，但在逐渐减少，不值一提了。"

不过，前提是你要注意一下自己曾经提到了哪些内容，告诉面试官已经得到的教训和经验。结束第一份工作，根本原因是你觉得升职毫无希望，还是你觉得在这个岗位上能够学到的知识有限？你是希望自己能够有机会得到某一方面的专业训练，还是朝着某个特定方向去发展？

绿灯

"我唯一感到后悔的是没有更早一些进入这个领域。刚毕业的时候，我开始了自己的编辑生涯，而且乐在其中。后来，我接触到了市场营销，我才找到了自己真正的兴趣。现在，我已经做好准备，时刻可以投入到此项工作中。”

“My only regret is that I didn’t go in this direction sooner. I started my career in editorial, and I enjoyed that. But once I got into marketing, I found I really loved it. Now, I can t’wait to get to work every day.”

红灯

“我觉得自己真不应该踏入杂志出版行业。而且，我的职业生涯似乎进入了瓶颈期。现在回想，如果不做出改变，我可能在出版社编辑园艺类图书呢……”

“I wish I had never gotten into magazine publishing in the first place. But now I guess I’m stuck. And to think, I could have been editing garden books for Fern Moor Press...”

= 相关问题

◇你在寻找工作的过程中，犯过的最大错误是什么？

独立完成任务和与人合作完成，你更倾向于哪一个？

面试官希望听到哪些内容？

这个问题的答案主要与你的目标岗位有关。举个例子，如果你应聘的岗位是销售代表，你可以说一个人单打独斗会更突出。

就算在工作中你真的特别喜欢与其他人交流，但是也一定不要将自己的工作环境描绘得天花乱坠甚至非常完美。你一定听说过这样的话：你可以选择自己的朋友，但是你无法选择自己的亲人和出身。对于工作，这句话同样适用。

在职场上，我们经常被迫与那些我们平日里会尽量避免打交道的人交往，而因为工作的需要，可能在很长的一段时间中我们都要在艰苦的环境中与这些人合作。承认这一点的存在本身就是一种突破。你要将重点放在叙述如何与各类人群的有效沟通上。

绿灯

曾经我作为面试官为一家单位面试过。当时，这个单位要招聘一名生产部的负责人，需要负责16名员工的日常工作。在出版公司中，生产部门是最需要人际沟通能力的，所以我用了大量的时间和精力评估应聘者们的人际交往能力。

当我提出了一些关于管理风格以及沟通技巧的问题后，一个应聘者给了我一个坚定的眼神，对我说：

“看，你也明白，管理美编以及校对人员的工作是最令人头痛的。我总是苦口婆心地让他们重视最后的期限，因为若错过了这个期限，我们就会损失惨重。我还一遍遍强调，如果因为我们部门的原因而出现了不必要的过错，对其他部门甚至整个事态都会产生不良影响的话，这对其他人来说，是非常不公平的。

“我一直在寻找与各种类型人相处的方式，让他们知道按时完成任务是我们每个员工的义务。当然，说容易，做很难。不过，大部分情况下，我与他们的沟通都是顺畅的、愉快的。有的时候，因为其他部门工作的失误，导致我们加班加点工作，我就会告诉他们，如果我们部门的工作出现这样的问题，其他的部门也会代我们受过。当然，作为管理者，我一定要公平公正，合理分配任务。”

“Look, you know and I know it s not always easy to manage artists and proof readers. I do my best to convince them of the importance of deadlines and let them know what it costs us when we miss them. I also point out how unfair it is to others in the department, and to the entire operation, when things are held up unnecessarily.”

“I usually find some way to get along with all of the people in the department, some way to convince them that timeliness and accuracy are absolute musts. It’s not always easy. But a lot of times it’s fun. When we are rushed because another department is late, I use this as an object lesson. The most important thing is to distribute the work fairly and let everyone know that you expect them to do their share.”

显然，这位应聘者凭借这个答案赢得了这份难得的工作机会。

= 相关问题

◇你是如何与你的上司和平共处的？如何与同事们相处的？与你的下属如何相处的？

◇每周你有多少单独工作的时间？你觉得这个时间足够吗？需要减少还是增加？

你喜欢一个人进行调查研究的工作吗？

面试官希望听到哪些内容？

对于这个问题，首先你要保证你的答案与之前的那个问题——“哪种人比较难与你相处？”的答案保持一致。（这就是我一直强调的前后一致性。）

另外，这个问题也与企业文化密切相关。你的目标岗位对求职者的要求决定了你给出的答案是否正确。如果你更喜欢独来独往，但是，面试官却需要招聘一名善于团队合作的应聘者，那么你们之间的分歧显而易见。

在应对矛盾争端时，你的思路是怎样的？

面试官希望听到哪些内容？

“我基本不会和其他人发脾气。我具有很强的预见能力，因此总是能够防患于未然。如果确实无法避免产生矛盾，我也轻易不会因此退让。不过，我会尽力做到公平公正。”

或者是这样的：

“如果下属没有按时完成工作，我绝对不会手下留情。在我的价值观中，每个员工都要做好自己的本职工作，否则就会无颜面对同事、客户和上司。”

“I really don’t get angry with other people very often. I’m usually able to work things out or anticipate problems before they occur. When conflicts can’t be avoided, I don’t back down. But I certainly do try to be reasonable.”

Or,

“I’ve had confrontations with coworkers who weren’t holding up their end of a job. I feel that employees owe it to their bosses, customers, and coworkers to do their jobs properly.”

如果你和同事在某些问题上产生了分歧，你会采取怎样的态度？

面试官希望听到哪些内容？

“曾经，我与一位很固执的设计师合作过一段时间。他总是用‘是’‘不’这样的回答来搪塞我的问题。对于我的请求也摆出一副不情愿的样子。最终我实在忍受不了他的行事风格，我对他说：‘我们两个都是科班出身的设计人员，都会有犯错的时候。为什么我觉得你对我的建议都是一副置若罔闻的样子？我认为这种态度不可取。为什么我们不能坐下来好好谈一下这个问题，找出解决的办法呢？’这番肺腑之言奏效了。现在，我们成了无话不说的好朋友。”

"I had to work with a designer who was obstinate about listening to any of my suggestions. He would answer me in monosyllables and then drag his feet before doing anything I requested. Finally, I said, Look, we're both professionals. Neither of us has the right answer all the time. I have noticed that you don't really like my suggestions. But rather than resist implementing them, why don't we just discuss what you don t like? That worked like a charm. In fact, we eventually became friends."

= 相关问题

◇描述一下你最近一次发脾气时的情形。

◇描述一下你最近一次与老板、同事、下属的意见相左的情形。你采取了哪些行动？结果如何？

你会采取哪些方式激发其他人的工作积极性？

面试官希望听到哪些内容？

对于这个问题，完美的答案是那些强调了“因人而异”的回答。同样，在回答的过程中，我们要给出一两个具体的事例。

应聘者的回答若是一概而论的，也就是说用同样的内容以及方法就能够取得同等的效果，这种显然不会赢得面试官的好感。这显然是一种“以不变应万变”的处世哲学。这个时候，精明的面试官就会继续问：“你信奉的管理哲学是怎样的？”

有的时候，你真的无法做到完胜

对于一些人来说，他们从来不担心自己没有工作做——实际上，他们有过很多段工作经历。不过，大部分公司对于那些频繁跳槽的应聘者都会秉持谨慎的态度。令人疑惑的是，某些公司同样不愿意雇用那些曾经在一个岗位上工作了很多年的员工。如果你恰好是这两种类型之一，那么，接下来的内容就是为你准备的。

你跳槽的频率很高。我怎样确保你能在我们公司工作较长一段时间？

面试官希望听到哪些内容？

招聘工作需要一定的资金以及人力做坚实的后盾。那些跳槽频繁的员工在无形间增加了公司对人力、财力的投入。所以，对于这个问题，你要尽量将目标岗位描述成“有前途的岗位”，为此，你愿意在这个岗位上为公司长期效力。

绿灯

提供两种不错的回答方式，你可以选择其中一种：

◇承认自己初入职场的阶段并没有对自己的职业生涯做出准确的定位，但是，现在已经有了明确的职业规划。

◇告诉面试官你离职的原因在于你认为只有跳槽才能够让你肩负更多的责任，才能够让你拓宽自己的眼界。

在这个阶段，你要尽量强调，你愿意与公司共同成长。对你来说，你一直追求的就是能够长时间为一家公司效力。如果面试官要求你对自己频繁换工作做出解释，你可以参考下面的案例，组织自己的答案：

大学毕业后的6年中，雪莉前后换了4份工作。面对面试官的种种刁难，雪莉显得从容不迫。她的答案成功结合了以上两点，完全打消了面试官心中的疑虑。

“上大学的时候，我一直认为我会是一个优秀的程序员。但是，在我进入职场工作了一段时间后，我发现自己并不快乐。当时，我年少无知，将自己的不快乐归咎于公司和工作。所以，当湖滨银行愿意录用我的时候，我毅然决然抓住了这根救命稻草。当最初的新鲜感退去之后，我又开始变得不快乐。”

“All through college, I was convinced that I wanted to be a programmer. But after a few months in my first job, I found that I was unhappy. Naturally, I blamed the company and the job. So when an opportunity opened up at Lakeside Bank, I grabbed it. But not long after the initial euphoria wore off, I was unhappy again."

"幸运的是，我终于发现自己对程序应用非常感兴趣。所以，当我知道华安公司招聘终端客户管理人才的时候，我提出了求职申请。我在华安公司的确学到了很多知识，掌握了很多技能。不过，华安公司毕竟只是一家小型公司，我很快就碰到了'玻璃天花板'，我个人的发展遇到了瓶颈。"

"By this time, I'd noticed that I really did enjoy the part of my job that dealt with applications. So when I heard about the job in end user computing at Safe Invest, I went for it. I learned a lot there, until I hit a glass ceiling. It was a small firm, so there was no place for me to grow."

"后来，我成功应聘了××银行的同一岗位，这次的成功很大程度上都要归功于华安公司对我的苦心栽培，使我具备了突出的创新能力。在××银行工作真的非常愉快，但是，我发现，在这里是孤军奋战。"

"I was recruited for the applications position at Deep Pockets Bank, and I got the job, because of some of the innovations I'd developed at SI. The work has been terrific. But once again, I find that I'm a one person department."

"贵公司提供的岗位，最大的优势是能够满足我自身的发展需求。在这里，我有管理整个团队的机会，我还可能与最顶端的程序开发者以及应用程序专家有所接触，我将走在科技的最前沿。纵观我整个职业生涯，唯一没有改变的就是孜孜不倦的学习精神。这份工作会给予我梦寐以求的学习机会。”

“This position offers the opportunity to manage a department and interact with programmers and applications specialists on the cutting edge of technology. Throughout my career, the one thing that has remained constant is my love of learning. This job would give me the chance to learn so much.”

你在同一个公司待了多年。你觉得自己能够很快适应全新的工作环境、公司文化以及团队氛围吗？

面试官希望听到哪些内容？

这个问题恰巧与前面的问题相反。面试官们总是喜欢为难人：如果你的工作变动比较多，他们就会对你保住饭碗的能力提出质疑；如果你在一个公司老老实实地一直待着，他们又会怀疑你工作的积极性。无论是哪种状态，基本都得不到他们的肯定。

兵来将挡，水来土掩，无论是哪种情况，我们都能够找到相应的解决办法。虽然你在一个公司待了好多年，但是，随着岗位的升迁，你一定接触到各种类型的领导，甚至是在不同的部门管理不同的下属，当然，你的同事也发生了变化。就算你没有离开这家公司，你也有各种机会领略多种角色的风采，比如：竞争对手、商人和顾客，等等。

你表达的核心是：你具有极强的可塑性，而且非常忠诚。你可以提醒面试官，同时具备这两种优点的应聘者并不多，可以说是难得的人才。

= 相关问题

◇你在现在的公司工作了很短的时间，现在就忙着面试，准备跳槽。这是否说明你打算在未来的职业生涯中频繁更换自己的工作呢？

如果面试官对你的某些了解还不够深入的话，他们就会一问到底，很有可能会要求你为他描绘一幅蓝图。想一想，你还有哪些信息可以告诉面试官呢？

在回答与工作经历相关的问题时，要特别注意的几点内容。

◇诚实。要如实回答面试官的问题，唯一要注意的问题是尽量突出自己的优势，避免提到自己的劣势。如果面试官要谈论一些比较负面的内容，你要尽量将重点放在自己在其中得到的经验教训，表明自己将不再重蹈覆辙。

◇严谨。将负面内容引导成正面的，注意说话要严谨，不要画蛇添足，自曝家丑。不要给面试官留下可以深究的细节，这可能会让你自掘坟墓。

◇中庸。切忌将自己描绘成那种散漫的炮兵形象，或者是刻板的员工，要在这两者之间找到平衡点。面试官以及人事经理会对那些冒险主义者产生浓厚的兴趣，但是，前提是这些人要遵守公司的规章制度。提前做好调研工作，做出明智的选择。如果你并不确定目标公司的企业文化到底是怎样的，那么你最好是保持中庸。

◇证据。对于自己的说法要保证用具体的事例来证明。如果你认为面试只是浮于表面，你应该从自己在实际工作当中遇到的具体案例来获得主动权。不仅仅是对面试官说自己是个条理清晰的员工，而且还要说明自己是如何让复杂的工程项目自始至终都不拖泥带水的。切记，你一定要让面试官觉得你所说的一切都是有事实作为凭证的，你的优势、能力、成就等，并不是空口无凭的“第六感”。

◇注意措辞。在回答面试官的问题的时候，你并不是要引导面试官往哪些方面发掘信息。例如，我建议大家说“我愿意接受更大的挑战”，而不是说“领导分给我的任务都没有任何挑战性。”

Chapter

06

/ 第六章 /

具体的细节问题

截至目前，我们已经探讨了在面试过程中会遇到的大部分问题，包括求职动机、工作态度等。如果面试官对你有兴趣，他们就会竭尽全力挖掘你的详细信息，希望通过过往工作中的表现对你做出精准的评估。所以，有信心一些！走到这一步，说明面试官对你比较重视，离成功也就不远了。

描述一下最近一次……的情形：

◇犯错误

◇做的正确的决定

◇做的糟糕的决定

◇招聘新员工

◇解雇某位员工

◇被开除或解聘

◇晋升

◇学到新的技能

◇发展和完善某项优势

◇未能按时完成项目

◇以独特方式解决难题

◇以最经济的方式解决问题

◇目标定得过高

◇目标定得过低

◇谈成了一个大项目

◇错失了一个大项目

◇为公司节省了一笔巨大的开支

◇超出公司财政预算

◇超出自己的预期

◇未能达到老板的要求

◇需要独立思考解决问题的方法

◇做了一个不受大家欢迎的决定

◇与一位刁钻的顾客打交道

◇与一位难以相处的同事打交道

◇与一位不听安排的下属打交道

面试官希望听到哪些内容?

这些都是开放式问题，面试官提出这些问题的目的是希望你能畅所欲言，作用类似于“介绍一下你自己吧”。不过，这些问题对你的要求是要围绕问题给出具体的答案。你的答案内容直接决定了面试官的下一个问题："嗯，我明白你的难处。不知道如何协调各部门之间的关系直接导致了开销大于预算的局面。我也看到了你勇于承担责任的勇气。不过，我想问一下，为了防止这类事情再次发生，你采取了哪些措施？另外，之后是否出现过这样的情形？"

绿灯

对于每一个问题，我们要给出具有代表性的答案，而且要尽可能详细。

我们给出的答案要像讲故事似的，从起因、经过，到结果。将事情描述清楚，我做了什么，学到了什么，都展现出来。有的答案要保证与目标岗位有必要的关联，有的答案就可以用工作之外的活动来回答，比如志愿者活动或者个人业余生活的内容等。最好是将工作和个人生活结合起来，向面试官展现一个全面发展以及有着丰富业余生活的自己。

工作上取得的成就，包括节省预算开支、降低生产成本、增加销售利润、解决问题的方式以及处理难缠客户等，要适度将功劳归结于自己的努力。"度"的把握很重要。通常，你要将自己获得的成就放到团队、部门等整个大环境中来说，并且不要遗漏领导、同事对你的协助。要让面试官明白，这种情况再次发生的时候，你还是会这样做。

大部分面试官都喜欢那些经历过坎坷的应聘者。他们做过正确的决定，也做过错误的；他们做过伯乐，也曾用人不善；他们曾选对了方向，也曾在职场中迷失。他们深谙职场的经营管理之道，虽然并没有太多的实战经验。我作为面试官，更倾向于这样的应聘者。

红灯

如果你告诉面试官，你工作努力，积极乐观，精力充沛，但是，你说不出任何具体事例来。若面试官希望你举出具体事例，那情况就更糟糕了。

大部分面试官会对那种在同一个岗位上工作了很多年，却不懂得人情世故的应聘者心存芥蒂。你曾经招聘了一批应聘者，结果每个人都表现很好；上一次做重大决定是什么，你已经想不起来了。这样的回答会让任何面试官都觉得失望。

或许你天资聪颖（也可能是你自己这样认为），你也不要贸然宣称自己集首席执行官、创意总监、运营官、财务总监等头衔于一身。纵使你是一个天才，连莫扎特在演奏前也需要你来给他鼓劲，你也要理智一些。千万不要将十年之内的所有功劳都揽到自己的身上，若你只在公司工作了三年，这种情况就更不要出现了。

这种情况似乎很搞笑，但的确会发生，而且频率还很高。举个例子，一次展会上，有7名代理商都找到了我，他们每一个人都宣称完成了畅销书《心灵鸡汤》的推销工作。更有甚者，居然堂而皇之地将此事印在了名片上。我虽然不清楚他们所有人是否都参与了

《心灵鸡汤》的推广活动，但是我确定一个项目不可能有这么多的负责人。

遇到下列情况，你会如何处理？

◇出现问题

◇与下属产生矛盾

◇与上司产生摩擦

◇工作不尽如人意

出现下列情况，你会怎么做？

◇工作进展速度缓慢

◇事态发展超出预期

◇个人精力消耗枯竭

◇兼顾家庭、工作、学习等出现问题时

面试官希望听到哪些内容？

提出这样的问题，面试官的目的是总结你的思维方式以及处事风格。或许你在面试的前10分钟或30分钟内就被问到了类似的问题（与同事、领导相处情况），因此，在这个阶段，要谨慎回答这个问题。面试官们会变换方式，从不同角度获取他们想要得到的信息，你很可能会措手不及。

“当……你会怎么做？”和“你是否遇到过……的情形？”这两种提问方式得到的效果是完全不同的。

为了职业生涯进一步的发展，你觉得自己需要完善（获得）的技能是什么？

面试官希望听到哪些内容？

这里提到的技能一定要保证与目标岗位密切相关。否则，面试官的下一个问题“你为什么觉得要完善（获得）这个技能？”你将无力回答。当然不能说“我觉得自己打网球的握拍技术还要改善，因为击球点把握不到位”。

你的哪些工作表现常受到领导批评

这个问题可能会与之前向你提出的一连串问题有着相同的目的。那些问题包括：你最大优势是什么？你遇到的最大的挫折是什么？你的领导如何评价你？

有经验的面试官会三番五次提出同一个问题，这是他们惯用的技巧。他们会根据不同的回答挖掘应聘者前后不一致之处。

绿灯

无论如何，我们不能抱着侥幸的心理认为面试官不会核实推荐信的内容。因此，我们的表述要尽量与推荐信的内容相一致。

如果面试官询问你之前某份工作的表现，你要努力将答案转移到自己当时所做的贡献上。

谨记，面试官们总是希望应聘者承认自己存在某些缺点。

“你的上司对你哪些方面的表现不太满意？”

“你的上司指出你哪些方面需要改进？”

红灯

对于关键因素，比如会影响到自己工作表现的因素，一定不要承认存在不足，比如：做事拖泥带水、懒惰散漫、注意力不集中、脾气不好，或者行动力弱等。

当然，如果你说从没有任何一任上司认为你有需要改善的方面，这显然会让面试官觉得你不够诚实。虽然这种情况也可能存在，毕竟有些公司对这种评估只是走过场，或者是无法做到公正、客观。不过，即使这样，面试官也会接着问你："老板上一次责备你是因为什么？你当时有什么反应？你有没有试着改变这种情况？"我作为面试官，会对那些声称从未被老板责备的应聘者持有警惕以及怀疑的态度。

你是否开创过新的工作流程（操作系统、规章制度等）？

答案当然是肯定的。你正跃跃欲试希望和面试官分享自己的各种心得体会以及管理思路。不过令人遗憾的是，某些规章制度因为外界不可控的因素并没能实施下去。

对于这个问题，即使没有管理经验也可以给予肯定的回答。一个行政助理也能够提出具有创意性的、实用的文件管理系统，或者找到代理部门之间通信的好方法，或者利用新技术使日常工作的执行变得更加快捷、简单，比如，合理安排上司的行程。

面试官们希望应聘者具有以下几种特质：勤奋多产、富有创意、对公司忠心，以及渴望看到公司成功。所以，现在是用数据和事实证明自己的最佳时机。在这个阶段，你一定要把握机会，告诉面试官们你做出了哪些创新的举动和措施，这些举动和措施为公司提高了多少利润，降低了多少成本，如何提高工作效率的。

你认为为了实现更大的成功，公司（部门、组织）要在哪些方面做出调整？

你可以参考下面这个回答，形成自己的答案。

“我们可以扩大生产线，甚至是增加一倍，这样，我们就能够充分利用、发挥公司物流方面的优势。但是，由于我们目前的资金周转，可能预算方面无法得到保证。”

“Sure, we could have expended our product line, perhaps even doubled it, to take advantage of our superior distribution. But we just didn’t have the capital and couldn’t get the financing.”

你负责过公司某个项目的财务吗？项目预算是否需要你的审核批准？你是否监控过部门项目的支出？你觉得自己在这个方面的表现如何？

面试官希望听到哪些内容？

通常来说，财政方面的权力体现的是公司领导对一个人的信任情况。如果你从来没有掌握过财政大权，你一定要如实回答。不过，你还可以给出极富创意性的答案。举个具体的例子。

“我没有领导部门工作的任何经历，不过我曾经为几个项目确立过财政目标，并且严格监控资金的走向。确切地说，这种任务出现的频率比较高。所以，我利用闲暇时间参加了一门课程，希望能够系统学习微软excel的操作与使用。”

“Well, I’ve never actually run a department, but I’ve had to set and meet budgetary goals for several projects I’ve worked on. In fact , I did this so often that I took a class to learn how to set up and use Microsoft Excel spreadsheets.”

如果你有更大的财务权利，你可以谈谈你实际的权限。你能够批准的最大数额是多少。用数据说话是最稳妥的做法。你可以告诉面试官你们部门的收入与支出的大致数额。

不过，你一定要小心，如果在前一个问题上你撒了谎，这个时候你一定会有一些语塞。面试官可能会反问你：“你手下有14名下属，为什么你连一点儿财权都没有？”

如果你的答案是肯定的，面试官一定还会继续问你：“根据你的工作经验来说，在按照预算进行项目的时候，遭遇的最大问题是什么？请具体举出例子，说明你是如何处理这些问题的。”

你是否曾开除某位下属

= 相关问题

◇当初是因为什么做出这样的决定的？

面试官希望听到哪些内容？

就算是你对某个下属已经忍无可忍了，但开除属下这种事情也是不愉快的。你要将自己真实的感受告诉面试官，然后将事情的整个过程表述清楚，要保证叙述的言简意赅。记住，你的核心观点是不希望因为自己的心慈手软，将不合格的员工留在自己的部门。同时，你也不希望给下属留下同情心泛滥的错觉。

你要表达出对被辞退员工的同情，适度的同情（显然，辞退他也是万不得已的），对他的离去表示理解（公事公办），以及能够策略地完成任务的能力。

绿灯

举个例子，因为生产目标没有达成，你开除了某个员工，你的心中可能会想："终于摆脱了这个笨蛋，什么都不会做，整天只知道抱怨的窝囊废，没有一次能够完成任务。"你怎么想都可以，但是，张嘴的那一刻，你一定要保证出口的话变成遮掩。

"是的，我曾经开除了一位下属，原因是他从未完成过任务。在正式辞退他之前，我和他进行过多次谈话，希望他的表现能够改善，我给了他几个月的时间，但是没有丝毫起色。我实在无能为力。作为上司，我希望自己的下属都能有不错的业绩。但是，我必须面对现实，一切以大局、公司、部门为重。"

"Yes, I fired someone who continually fell short of his productivity goals. His shortcomings were documented and discussed with him over a period of months. But in that time he failed to show any real improvement. I had no choice. As a supervisor, I want everyone in my department to work out. Let's face it, though, not everyone is equally dedicated to his or her job."

如果你从来没有解雇过员工，你可以这样回答面试官的问题：

"我从来没有解雇个哪个员工，因为公司有规定，不可以单方面解除用工合同。不过，有两位领导征求过某位员工的表现情况的意见。我觉得我应该从公司发展的大局出发，给出公正客观的答案。"

"I've never actually fired anyone myself, but it was the policy at my company that no hiring or firing should be unilateral. I was asked on two occasions to give my opinion about someone else's performance. It's never easy to be honest about a coworker's shortcomings. But I felt I had to do what was best for the department and fair to everyone else in it."

你有过招聘员工的经历吗？

面试官希望听到哪些内容？

如果你有过类似的经验，你可以这样回答：

“是的，我曾经招聘过。另外，我还会对公司的某些员工是否适合本部门的岗位做出评估。第一次招聘的时候，我看中的是应聘者能否满足岗位需求的所有资质。我会严格按照要求进行筛选。”

“Yes, I have hired people. I have also decided whether some internal applicants were right for jobs in my department. The first time I hired someone, I concentrated on checking off all the right qualifications. I just went down a checklist.”

“后来，我意识到，虽然有些应聘者并不符合岗位的所有要求，但是在日后的工作中他们同样能够成为优秀的员工。他们积极、热情，喜欢与其他员工合作。这些足以弥补他们的某些不足。”

“Since then, though, I've learned that some candidates who became excellent workers didn't necessarily have every qualification on that checklist. They more than make up for what they lacked in the beginning with enthusiasm and a willingness to work with others."

如果你从来没有招聘过，那么你要如何回答这个问题呢？首先，你要感谢面试官对你潜在管理能力以及人际交往的评估，然后你可以这样回答：

"我并非完全没有接触过招聘的工作。我的上司曾委托我与应聘者面谈并给出中肯建议。当然，我最看重的是应聘者有没有足够的团队合作精神，是否能够与部门的其他员工和平共处。"

"Not really, but on several occasions I was asked to speak to prospective applicants and offer my opinion. Of course, in those cases, I was trying to determine whether that person would be a team player and if he or she would get along with the other people in the department."

如果你的目标岗位是公司高层，你要注意什么？

即使你应聘的是一家公司的管理层的岗位，面试中需要应对的问题和前面的也差不多（这和应聘前台的应聘者的问题并没有明显的不同，虽然应聘者给出的答案有着天壤之别）。如果你应聘的是一家公司的首席执行官、首席运营官、执行副总裁等职位的话，面试官很可能会提出下面的问题：

◇作为经理人或者执行官，你认为最难解决的问题是什么？

◇介绍一下你最近一次被领导要求大力整顿某个团

队、部门、分支机构、公司的具体情形。你觉得这种情况下面临的最大问题是什么？你采取了哪些措施？你希望营造的是怎样的氛围？

◇你招聘了多少名员工？

◇你辞退了多少名员工？

◇说一下你的奋斗目标。

◇你制定的目标是多久的？收效如何？

面试官希望听到哪些内容？

这里的每一个问题都可以深入了解你的管理方式，评估出你总结经验以及运用到实际工作当中的能力：培养员工的凝聚力、忠诚度、共同目标；压力下的创造能力、提升能力；控制成本以及预算超支时实际的生产能力等。当然，你还是要用具体的事例说明你所面临的具体的问题，将问题细分，明确自己所采取的行动和态度，然后指出最终的成果。

= 相关问题

◇哪类问题会让你犹豫不决？

◇对于做决定，你通常持怎样的态度？

◇对于任务，你如何区分哪些由自己完成，哪些由下属完成？

你是如何与下属们实现亲密接触的？

面试官希望听到哪些内容？

下面是相关的问题：

◇每周或者每月，你需要安排或者参加几次会议？

◇你是否会在各个办公室中频繁走动，观察每一个员工的表现？

◇你是喜欢在下属的办公室中询问他们很多问题，还是倾向于你的下属带着问题来到你的办公室？

这些问题，要比“你的管理方式是怎样的”更为具体。面对“你的管理方式是怎样的”这个问题，有经验的应聘者往往会用某些商业大亨的名言搪塞过去。你的目标岗位职位越高，你的管理权限就越大，被问到这种问题的可能性也就大大增加。当然，你的回答就会显得非常重要。

你如何处置那些阻碍项目顺利进行下去、对公司的发展没有任何益处的下属？

面试官希望听到哪些内容？

这个问题的答案在本书的前面已经提到过。再一次问出这个问题，面试官希望借此评估出你是一个实干型的领导人还是仅仅有头衔却不做实事的领导，以此判断你的管理方式是否与公司一致。

看到墙上那个画框了吗？想个办法让我接受它。

当然，这个问题的主体也可能是一支笔、一张纸、一张桌子……

面试官希望听到哪些内容？

优秀的销售人员一定要具备两种品质：善于倾听和善于怀疑。这两点也是优秀的面试官不可获取的资质。因为，优秀的应聘者会询问一些商品特性的问题，并且还会试着了解面试官的个性和需求。

我有一个老朋友，是金牌销售员，只要给他开口的机会，他的目标客户就一定会亲自告诉他自己真正的需求，从而实现交易。

显然，对目标岗位是销售人员的应聘者首先要考察的就是能否将物品推销给面试官，这是对其销售能力的考察。那么，这些问题与那些应聘非销售业务的岗位的应聘者完全无关吗？当然不是。很多面试官会依据这个问题评估应聘者面对外界压力时的工作表现情况。

正确回答与工作相关的问题

◇给出的离职原因一定要是正面的、积极的，无论是目前的工作，还是以前的工作，都要确保如此。关键的字眼是“更”，你需要获得更多的机会，你需要更大的挑战，你需要更多的责任，而这些必然带来更丰厚的回报（这一项是前面三项因素带来的必然结果，所以不必害羞）。

◇如果你的确被解雇过，你要如实回答，并将谈话的重点放到你从中学到的经验教训上。尽量将话题转向积极正面的内容。

◇量化其他员工对你的信任，要尽量多强调细节、数据以及可以量化的业绩。告诉面试官你曾经领导过多少名下属，你曾经有多大的财政权力，以及在你的领导下，你们部门实现了怎样的盈利。

◇坚决不说曾经的上司和下属的坏话。

◇将你的目标岗位当作是最重要的奋斗目标。组织自己的答案，让面试官觉得你的确将这份工作当作是职业目标的重要步骤。千万不要将面试当作是踏脚石或者避风港。

Chapter

07

/ 第七章 /

近期你在忙什么

无论你拥有的工作经验是二十几年，还是二十几天，面试官们最关心的都是你近期的情况。即使你之前的工作做了很久，最近的这一份只持续了几个月，都要面对面试官们的“为什么”。因为面试官们要评估你能够为他做些什么，而最近的那份工作才是最可靠的证据。

你为什么考虑离开目前的岗位

面试官希望听到哪些内容？

当然，如果一份工作是你各方面都满意的，那你一定不愿意离开（即使有人会不停地参加一些面试，那也是因为他们希望通过这种方式来了解地区或行业的最新发展动态）。不过，就算你对目前的岗位非常不满，也不要表现出怨气，更不要说领导的坏话，否则，面试官就会觉得一旦招你入职，用不了多久你就会对他或公司指手画脚。

所以，一定要控制好自己的负面情绪，尽量不要表现出任何的不满（或者其他使你踏上求职之路的缘由）。你对目前的工作越是不满意，在面试的过程中就越是要小心。如果你告诉面试官已经有几晚没有睡好了，想象着将辞职申请摔到老板的桌子上，就觉得大快人心——显然，这对你有害而无益。

我们一定要发挥自己的想象力，也就是管理学家所说的“假想”：想象一下你的职业生涯的下一个阶段的理想状态，然后将自己的目标岗位想象成是迈向这个理想状态的第一步。

对于这一点，我举个例子来说明。比如，你希望获得更多的财政权力，那么，你就可以这样说：

“现在这份工作我还是挺喜欢的，但是，在目前的岗位上我的发展空间有限。因为本身公司的规模就不大，也并没有进一步扩大的计划。”

“There is a great deal I enjoy about my current job. But my potential for growth in this area is limited. Because of the size of the company and the fact that expansion is not a part of its current strategic plan.”

绿灯

只要你不是因为下岗或者被炒鱿鱼的情况，你就要告诉面试官，你之所以坐在他们的面前主要是想获得更多的挑战、更多的成长机会（甚至是更为丰厚的薪水），而不是因为你急于与目前的工作拉开距离。

你要强调自己是为了“往上走”，而不是“往外走”。

尽量不要抱怨同事或者上司的某些缺点，或者不合理的公司制度。

红灯

即使你目前的工作非常糟糕，也不要给出过于消极的评论或者表述。

不要流露出哪怕是单方面解除劳动合同或者是降级也要离开目前这个公司的意图，除非你想要进入一个全新的领域。选择“出走”而不是“升职”，一定不会给面试官留下好印象。你到底隐瞒了哪些事实？难道你将我们公司当作是被踢出局的救命稻草？你是不是将我们公司当作是跳板，等待着更理想的着陆点？

当然，也不要承认自己会在梦里取笑现在的领导，这显然也不可取。

= 相关问题

◇在你现在的公司，哪些因素制约了你的进一步发展？

◇这是你第一次想要离职吗？之前为什么没想过离开？

你的领导知道你现在在哪里吗？

面试官希望听到哪些内容？

如果你的老板已经明确要求请你尽快离职，或者你已经被列入了裁员的名单中，那么，对于你的情况他应该了如指掌。但是，大部分情况下，我们的领导并不知道我们在另寻出路。所以，不管怎样都不要说出这样的话：“他一定觉得我在忙着参加各种面试，这样我就能尽快离开那个鬼地方了。而且，我的上司似乎也不想干了，可能明天就会给您打电话表明他的求职意愿。”如果你的手上还有一定的工作没完成，那么你最好将面试安排到假期。就我个人而言，我最不希望听到的是应聘者说自己请病假过来的。这虽然是善意的谎言，但终究还是谎言。

绿灯

无论事实是怎样的，都不要说谎。很多面试官都会因为你对手头上工作的认真负责而产生好感。

红灯

你的谎言不攻自破，或者你的身体语言出卖了你（如果对面的问题会让你觉得不舒服，你的表情就会表现出来，而对方也会在第一时间内察觉到）。

目前的公司仍在支付你的薪水，而你却表现出不忠（无论你所在的公司是民主的还是专制的），你的所有努力都将白费。

与简历上最后一个公司的劳动合同结束了吗？

面试官希望听到哪些内容？

你可能听过这样一句俗语：有工作的人工作自然会找上你。事实也的确如此。在同等情况下，大部分面试官都认为在职应聘者比没有工作的应聘者要更优秀，就算后者在某些方面具有一定的优势。很多面试官认为，被炒鱿鱼实际上就是对这个人能力的极大否定。我曾经听到一位资深的人力资源经理这样说：“既然她曾被炒了鱿鱼，那就说明她自身一定存在着某种重大的缺陷。没有哪个公司会将一位优秀的员工辞退。”这听上去也是挺有道理的。

不过，在实际生活中也的确会遇到大规模裁员的情况。很多工作勤奋，对公司一片赤诚，并为公司贡献了自己最大力量的员工——而这对于一个公司来说，是一笔无价资产——也都被迫走下了工作岗位。我认为，这并不是什么难以启齿的事情，这些下岗的应聘者也应该受到平等的对待。当然，不是所有的面试官都像我这样开明。

如果你是被裁员的那一个，你会怎么办？还是那句话，要尽力将这种可能导致被动局面的情况扭转成积极主动正面的。

下面我给你介绍一个例子。尼克和老板耍脾气，因此当场被解雇了。后来，他去一家酒店应聘销售岗位。面试官问他是否在岗，他似乎是反应迟钝地说："我被炒了鱿鱼。"

面试官对尼克的答案似乎吃了一惊，他要求尼克详细解释一下具体的情况。尼克这样回答的：

"我和我的老板合不来，的确，这是因为我没有把握好尺度。我知道电话报表、日志以及其他销售管理指标在酒店管理中具有重要的作用。当时我觉得老板如此着急要这些数据，是对我的不信任。当然，这个想法本身就存在问题。我也从中得到了教训。"

"My boss and I just didn't get along, and I have to admit I didn't handle the situation well. I certainly understand the importance of call reports and log sheets and other sales management controls. I guess I interpreted some of Joe's quick demands for these things as a lack of trust, and I shouldn't have. I've learned my lesson."

绿灯

尽量不要提及你被解雇的原因，而是多表述你从这个事件中获得的教训和经验。如果你被炒了鱿鱼，或者裁员，没人会要求你道歉的。你可以这样说："是的，当销售额大幅度下滑的时候，我成了16名被裁员员工之一。"如果你不是销售部门的，这样说是一个不错的借口。

红灯

我在前面就已经强调过了，一定不要给出这样的回答："是的，公司觉得我年龄过大，所以开除了我。我的律师会起诉他们歧视年龄，我一定要让他们付出代价。"

你可能是因为某些难以启齿的原因被裁员的，在面试的过程中你没有勇气承认自己的错误，或者说没有说明将采取怎样的措施预防下一次的犯错，这都是面试的大忌。拳王泰森可以在数次犯错甚至是刑满从监狱释放出来后重新获得了令人羡慕的工作，赚到了大钱，但是，并不是每一个应聘者都是这么幸运的。如果你是因为盗窃、工作时间饮酒、攻击上司等原因被开除的，那么你的求职生涯就会变得愈加艰难。

描述一下你所在部门的组织形式。你的直属上司是什么头衔？他的具体职责是什么？

面试官希望听到哪些内容？

如果你在面试的时候无限扩大自己的职责范畴以及肩负的责任，你听到的回答就会是门关上的声音……你，听到了吗？

对于这个问题，面试官希望弄清楚的是你的具体职责范畴，你的直属上司职责中包含的内容，不应该直接出现在你的职责范围内。假如，你自行扩大了职责范围，而面试官也没有让你离去的话，你就要回答接下来的这个问题："为什么你扩大了自己的职责范围？"就算是面试官要求你画出目前公司的组织架构图，你也不要吃惊。

绿灯

你回答的内容要与简历上的职责和责任保持一致。

你回答的职责和责任要与目标岗位的工作相统一。

你回答的内容要与之前所有的与工作经历相关的答案保持一致。你回答得越细致，面试官就越容易发现其中的不一致处（如果出现这种问题，面试官就会回到你之前给出的答案上面，反问你为什么两次的回答存在着矛盾之处或者是冲突之处）。

你要描述清楚公司、分支机构、部门的组织架构。这可以证明你简历中的内容的真实性，也表明你的确将简历中列出的那些任务都完成了。

红灯

如果你的答案是模棱两可的，那么面试官就会觉得你是临时编出来的。

如果你的答案与简历上的内容或者与之前给出的答案有着比较明显的出入，那么面试官一定不会放过这个机会。如果你在之前提到了自己具备的某项技能或者经历，但是在后面的回答中却将这个重要的内容遗漏了（如果这个内容与你的目标岗位有着紧密的联系，情况更为糟糕）。对于这种情况一定要注意。

制订了一个对于面试官来说毫无意义的公司发展计划。（你经历的公司越多，你的管理经验就会越丰富，你对各种管理模式以及公司架构的体会也就越深刻。你可能就会对公司架构产生怀疑，觉得在这种架构下，员工无法得到足够的自由）。

描述一下你在当前岗位（上一个岗位）中一天的工作内容。你每年要花费多少时间在打电话上？多少时间是在开会？多少时间是一对一的面谈？多少时间在独立工作？多少时间是与团队成员共同合作完成任务？

面试官希望听到哪些内容？

通过这个答案，面试官可以评估出你前面给出的答案（有关你的工作职责甚至是你最喜欢的工作内容等）是否具有真实性，还是过于夸大，甚至可能是你自己临时编造的。

相关问题

◇通常情况下，你工作的第一个小时和最后一个小时在做什么？你通常几点到公司？几点离开公司？

◇你目前承担的职责有哪些？你觉得自己肩负的任务是过量还是不足？为什么这样认为呢？你想过如何改善这种情况吗？

◇为了完成你的岗位职责，你每周要工作多少小时？

◇对你来说，目前的这份工作最终的内容是什么？对你的公司来说呢？

你找了多长时间的工作？

面试官希望听到哪些内容？

只要你不是被辞退或者成为裁员大军中的一名，那么你的回答都应该是刚刚开始找工作。如果面试官可能通过其他的渠道了解到你已经失业很长一段时间了（你可能是某位知道你失业的猎头介绍过来的），那么你就要想好如何解释为什么这么长时间还没有接到任何公司的邀请。

大多数情况下，面试官会认为那些长时间处于失业状态的应聘者都不会是优秀的员工，当然，这一点根本无从考证。就我个人而言，我并不赞同这种观点。难道每一位为了找到理想工作而奔波了一两个月的应聘者都不如那些西装下是其他公司工装的应聘者吗？毕竟并不是所有希望尽快就业的人就能够立刻找到工作的。而且，优秀的应聘者往往也比较挑剔，他们希望能在心仪的公司找到意向中的岗位，否则就会重新踏上求职的路。

为什么直到现在还没有接到工作邀请？

面试官希望听到哪些内容？

你在挑工作，面试官同样也在挑应聘者；你对工作有一种挑剔的态度，面试官对你也是如此。不要抱怨求职的流程过于繁琐。如果你已经获得了一两份工作的邀约，你可以这样回答：

“我已经收到了某公司的某份邀约，但是那份工作并不是我想要的。很高兴我没有接受他们的邀约，不然我就要错过这份工作了。”

“I have had an offer. But the situation was right for me. I’m especially glad that I didn’t accept, because I now have a shot at landing this position.”

你一定要说实话，因为面试官还在继续问下一个问题。

哪一家公司发出了邀约？是什么职位？待遇如何？

面试官希望听到哪些内容？

如果上一个问题你撒了谎，现在你只能傻眼啦！

很多面试官对竞争公司的情况非常了解，对方在招聘哪些岗位他们也了如指掌。如果你的回答是真实的，那么你完全可以将公司的全称告诉面试官。

你要强调自己拒绝的岗位与现在的目标岗位有着众多的相似之处。毕竟，你现在面试的这个岗位是你最中意的，这一点你可能在回答前面的问题时已经多次强调过，那么你怎么可能会对其他公司完全不同的岗位感兴趣呢？

如果你继续留在现在的工作岗位上，你觉得会怎样？你认为自己能走多远？

面试官希望听到哪些内容？

你希望离开现在的工作并且竭尽全力希望获得新工作，是不是说明你对公司的发展没有信心？这无法触动面试官，他们并不是救苦救难的慈悲者，他们没有拯救你的义务。

记住这句俗语：如果你对自己的工作无可挑剔了，那么是时候换工作了。如果你是宁愿在体育馆中卖花生，也不想在ABC公司再多待一个月，你也要让面试官知道你是一个识时务的人，懂进退——辞职也应如此。

你可以这样说：

“说实话，我一直中意这份工作。我的上司非常器重我，我也认为自己在公司中能有不错的发展机会。我是ABC公司最出色的销售员之一。曾经有一个与我相同层次的员工成功地转型成管理人员。这也是我目前所追求的。”

“Naturally I’m interested in this job and have been thinking about leaving ABC. My supervisors think highly of me, and I expect that one day other situations will open up for me at the company. I’m one of ABC’s top salespeople. I have seen other people performing at similar levels advance to management positions. That’s what I’m looking for right now.”

无论你对当前的工作有着怎样的态度，在面试的时候都要如同是考驾照，没有看到更多的道路的时候，就享受当下道路的无限乐趣吧。

你可以尝试用这样的话开头：如果我不是这个岗位最佳的人选……这样的开场会让面试官觉得你并不急于得到这份工作。这是你自主选择的结果，而不是饥不择食。你希望选择一份真正对自己胃口的工作。

绿灯

你的回答最好透露出这样的信息：在目前的公司里，你还有更好的发展空间，还能够获得更大的权力，不过需要的时间过长，或者经济上的收获有限。

如果你能够列举出一些与自己无关的公司无力挽留高端人才或者无力支付薪水的情况，比如：面临破产、被兼并、现金流断裂、重要客户流失、关键产品的销售或生产出现问题等，那么，很显然，这强有力地说明你的职业生涯看不到未来，你的离职是明智选择。这当然不是你的过错。

红灯

“我觉得我顶多还能待一个星期，那个死老头可能下午就会开除我。”

这样的答案表明你的遭遇有着个人的原因（“整个公司的销售额下降了10个百分点，而我负责的产品的销售额下降了72个百分点。地面店的生意实在太不景气了。他们的销售情况并不是我们所能控制的。”）。

如果职场是一个蚌，而你要寻找的就是属于你的那颗珍珠——你完全可以这样说服面试官，不过你可能会遇到下面的提问。

如果你对目前的工作如此满意，那么你为什么要离职？你的上司或同事是否会对你做出的决定感到惊讶？

面试官希望听到哪些内容？

你离开公司的原因可能是你知道公司即将破产，或者是你与其他办公室的同事相处不愉快。不过，你不能向面试官吐苦水，希冀得到对方的同情。

你传达给面试官的信息是，你的离开并不是因为要逃避某些令你不快的事或人。你选择离开的初衷是，你需要获得的“更多”：更多的责任、更多的知识、更多的技能……而贵公司恰巧可以提供如此难得的发展机会。

= 相关问题

◇你认为你手头的工作需要做出怎样的调整？

◇为了适应目前效力公司的变化，你觉得自己的技能、管理模式、责任等方面要做出怎样的调整？

◇目前的工作在哪方面没有达到你入职时的期望值？

既然你对目前的上司、工作、公司有如此多的意见，而公司又是如此器重你，那么你为什么不说出自己的想法，引起他们的重视呢？

面试官希望听到哪些内容？

面试官想看到你“搬起石头砸自己的脚”。你无法对老板提出要求：做了这种改变你会变得心情舒畅。如果你发现自己是进退两难的境地，唯一的出路就是用积极向上的口吻说话，你可以这样说：

“A与B都知道我希望升职的意愿，不过公司的规模有限，对此，他们也实在无能为力。管理团队的整合工作已经非常到位，目前的确没有增加人员的必要。他们也知道这样的情形对于优秀的员工来说是不公平的。他们也经常就此问题开会，希望能够找到解决的方法。”

“Grin & Bear it is aware of my desire to move up. But the company is still small. There’s really not must they can do about it. The management team is terrific. There’s no need right now to add to it, and they are aware of some of the problems this creates in keeping good performers. It’s something they talk about quite openly.”

= 相关问题

◇如果可以删减目前工作的某份职责，你会选择哪一项，为什么？

◇如果你可以向你的领导提出你的建议或者评论，你会说什么？你这样做过吗？为什么要这样做？为什么坐视不理？

你的同事怎样评价你

面试官希望听到哪些内容？

当然啦，你的同事一定评价你是一个很好相处的人，具有团队合作精神。

在这个问题上，我们需要再一次用到第一章中填写过的个人信息介绍表。在之前的介绍表中，有几个问题的答案中用到的词，你可以将它们放到你同事以及你朋友的口中：

◇我最突出的技能是什么？

◇我在哪方面的知识掌握量是最全面的？

◇我性格上最大的优势是什么？

◇我最擅长做的事情有哪些？

〓 相关问题

◇如果让你的上司评价你，你觉得他会用哪五个词？

◇你上司对你做出的评估是否正确？

◇最近的一次工作评估，你的上司是如何评价你的工作表现的?

◇你上司对你最大的优势和劣势是如何评价的?

◇你的上司是如何挖掘你潜在的能力的?

◇最近一次你认为自己的做法是正确的，但是你的老板认为是错误的时候，你说了什么？做了什么？

说一下你在目前岗位为公司做出的贡献，比如：增加利润、降低成本、提高生产效率、节省劳动力等。

面试官希望听到哪些内容?

这个问题与前面提到的关于你的财政权力以及公司的组织架构是相似的问题。（有些面试官觉得在重复询问某个问题之后问其他的问题，再回到之前的问题上来，这种做法很有技巧性。有些应聘者能够绕开接二连三的陷阱，但是面对突如其来的问题往往束手无策。之前的答案中包含的问题立刻就会暴露出来。）

你认为老板应该为员工提供什么

面试官希望听到哪些内容？

这个问题并不是（我特别强调“不是”）面试官在询问你的薪资要求。这是一个关键的问题。

不要将答案上升到道德层面，也不要触及法律的意义。你要努力将面试官的注意力集中到你畅想的美好的未来中。努力让自己的回答温暖而简短：

“我觉得老板有为员工的发展提供机会的义务。我希望自己的下一份工作，可以有机会从某个项目中得到分成。”

“I think an employer owes its employees opportunity. In my next position, I look forward to the opportunity to run projects profitably.”

若面试官揪着敏感话题不放（例如：老板应该与员工分享哪些信息，应该为哪些员工加薪等），希望你能够给出具体的回答，那么你可以这样回答：

“我希望老板能够尊重我作为雇员的权利，能够与我协商与工作相关的合同内容。不过，我当然明白某些决定的确要做到保密，这是为了员工的自身利益。职场毕竟就是这样的。”

“I hope that my employer will be respectful of me as an employee and of any agreements we may negotiate in the course of business. However, I know that there are times when organizations face tough decisions that may require confidentiality and affect employees. That's business.”

应聘成功这个职位的员工需要与在公司工作了很长时间的员工共事。你觉得自己怎样能融入他们?

面试官希望听到哪些内容?

你的答案会体现你对这个岗位的渴望程度。作为一个新人，你一定迫切希望能够从各位前辈的身上学到各种知识和技能，博采众长，你一定不希望面试官怀疑资深员工对此的反应。所以，你的回答一定要围绕自己能够为团队带来什么，比如，作为新鲜血液，你可以给团队带来新的知识、新的技能以及全新的视角等。另外，你还要强调自己会从同事的身上学到更多、更宝贵的知识和技能，就算你内心深处并不这样想。

你的上司要求你按照他的方式处理某件事，但是你知道这样做是错误的。你会怎么办?

面试官希望听到哪些内容?

这个问题很棘手，你最好实话实说。可以参考下面的答案：

“对于这种情况，就算是最忠诚的下属，也要冒着冒犯上司的危险，用最恭敬的方式，将正确的方式指出来。如果他坚持，我可能会选择按照他的方式去执行的。”

“In such a situation, even the best employee runs the risk of seeming insubordinate. I would pose my alternative solution to my supervisor in the most deferential way possible. If he insisted that I was wrong, I guess I’d have to do it his way.”

如果你受到了上司不公平的对待，并被狠狠训斥了一顿，你会怎么做?

面试官希望听到哪些内容?

每个人都经历过不公平对待：工作繁重，几乎没有喘息的机会，错误就自动找上了门。或许，你遭遇的责难远远超出了你应该得到的部分，或许，当时的情况远远超出了你自己的控制能力。不管怎样，你的上司训斥了你。最好的结果就是你们找到了妥善处理错误的办法，而且这样的错误再也没有发生过。

你可以选择类似的事件作答。完全不必选择自己经历过的最危险的、最脆弱的情况来说明问题。一个简单的错误就足以说明一切：

“在我的职业生涯中，我遭遇过很多次难以处理的问题，我的上司将不是我的原因导致的问题扣在了我的头上。但是，不管是谁造成的，问题都已经出现了，我们唯一要做的就是找到解决问题的措施。”

“如果是十分严重的问题，我会向上司表明我个人的想法，当然，这一定是在事情得到了妥善的解决，风平浪静之后。”

“In the course of my career there have been a few times when problems have come up and I have been held accountable for mistakes I did not feel I had caused. But a problem is a problem no matter who creates it, and you certainly don't have to create the problem to solve it. The most important thing is to deal with it.”

“On those occasions when the issue has been significant enough, I have explained my point of view to my supervisor later after the situation has been resolved and the atmosphere has calmed.”

你愿意接替你上司的工作吗？为什么？

面试官希望听到哪些内容？

这个问题你要格外小心，无论你怎么回答，面试官都会从中寻到很多信息，所以一定要慎重。

我们先来分析这个问题的前半部分：如果你给出的答案是肯定的，证明你是一个有着极强事业心的人，希望自己可以在事业上获得一定的成功；如果你的答案是否定的，这就证明你心存疑虑或者有所保留，至少对于你上司的职位这个部分如此。

这个问题的后半部分较难回答。举个例子，你急于升职，但是你应聘的岗位不见得会给你这样的机会，面试官得出的结论就会是你会对自己所应聘的岗位失望。反之，那种竞争非常激烈的公司中，如果你对升职持有保留态度的话，显然你也不会成功获得此岗位。

要回答这个问题，你可以从两个方面入手。其一，对该公司进行一定的调研了解，明确企业文化，确认升职机会的情况，预测一下面试过程中你可能遇到的问题。其二，了解自己内心深处的想法。也许，你早已经做好了心理准备，走上自己职业道路全新的阶段，也许，管理的岗位总会让你感到害怕，因为你要自己动手处理那些棘手的人事问题。对于这个问题，你或许应该遵从内心深处的意愿，毕竟一旦应聘成功，那些让你畏惧的事情就会找上门来。

总结自己的结论，组织自己的答案。最理想的状态当然是你的回答与公司的要求不谋而合。如果你的想法与公司的实际情况存在比较大的差异，你可以调整自己的答案，使答案向着公司的要求靠拢。不管是哪种情况，你都要保证你的回答是积极向上的：

“说实话，我非常希望得到我上司的职位，因为我个人对商业关系以及促销策略的制订有着莫大的兴趣。”

“我当然希望自己能有晋升的机会，不过我上司的主要职责是以部门劳动生产率为最主要衡量指标的。而我想成为质检部的管理者。”

“我愿意接受额外的岗位职责，不过我真正的兴趣是销售。我喜欢与客户交流沟通，从中找到自己的价值。我上司的主要工作职责在于领导和监督整个部门的运作以及人事调整。身处这样的岗位中，我一定会怀念与客户沟通的日子的。”

“In time, I would love to have my boss’s job. I’m particularly interested in the vendor relationships and sales promotion sides of buying.”

“I am very interested in career advancement, but my current boss’s responsibilities are heavily weighted toward managing department production. In time, I hope to move into a position with primary responsibility for design quality.”

“I would be open to taking on additional responsibilities, but I like the autonomy of a sales position, and I find it rewarding to work directly with clients. My boss is mainly responsible for supervising the department and its personnel. In such a position, I would miss the client contact.”

如果……那么……的假设问题

假设问题（如果……你怎么做？）是情境面试的基本问题。面试官会模拟各种情形，可能是真实的，也可能是面试官编造的，主要是考察你在压力下，是否能够保持冷静、清晰、分析的状态，思考当下的困境，并找到解决的方案。就算你做足了各种准备，你也很难预测出面试官到底会提出怎样的问题。

情境面试会通过多种形式或者风格出现。接下来，我会给大家举出一些具体典型的例子。你要发挥自己的聪明才智才能赢得面试官的首肯。如果你对自己应聘的岗位了如指掌，那么你就要充分发挥自己的想象，预测一下面试官可能会提出哪些问题。

如果你的上司通过邮箱给你留下了一项任务，然后开始了自己为期一周的假期。你联系不上他，但是不知道这项任务该怎么做。那么你会怎么办？

通过这个问题，面试官们希望得到的信息是，你是否足够尊重自己的上司，是否会在规定的日期内完成任务。另外，面试官还会从你的回答中得出，在别无选择的时候，你是否有一定的决策能力，即使可能是错误的决定。

如果真的无法联系到你的上司，无论是电子邮件还是语音信箱，你就要鼓起勇气问自己上司的上司。

当然，你一定要注意，不要伤害到你上司的利益，说明在你上司休假之前并没有与你直接碰面，商谈此项任务的具体事宜。应说明你对公司的办事流程并不是那么熟悉，而你希望能够充分理解上司的指示，尽快开始项目，保证按期完成任务。

你关系最好的同事经常从公司支取小额现金，但是从未归还。你已经与她说过好几次了，但是她反而嘲笑你。你会怎么做？

面试官希望听到哪些内容？

友谊是珍贵的，但是放在公司中，却是公司的利益第一。所以，你要如实汇报她的情况。

如果我要求你主持一个小型的会议，讨论我们刚研发出来的新产品，你会怎么做？如果我们的销售员连续三个月没有完成任务，你会怎么做？

面试官希望听到哪些内容？

你要尽量提问，确保了解当时的情况，至少回答前半部分的问题时如此。接下来，将自己的思维过程展现出来。

如何从情境面试中脱颖而出

◇承认问题具有一定难度，自己也有一些紧张。甚至在听到问题的那一刻，你还会产生害怕的情绪。面试官们可不希望自己招进来的员工是连情况都没有弄清楚就一头扎进来的，也就是说不考虑问题的严重性，也不考虑如何解决问题。有的时候，适度的紧张会让你的思维更加敏捷，更加开阔。

◇回答问题之前，认真思考一下。这样可以体现出你的行事习惯，不会因为心血来潮做出冲动的决定。你愿意花费一定的时间考虑各种可能性，找到最好的解决办法。

◇切忌吹嘘自己的才能。无论采取哪种面试的技巧，都不要过分夸大自己，也不要临时编造答案。

◇展现自己对生活的感悟和理解。承认自己会在新的岗位上去学习各种知识和技能。这样的做法远比将自己当作世界的救世主好得多。

◇预测自己可能遭遇到的情境面试。如果面试官的情境面试内容是为了考察你的技能情况，为了让面试官满意，你要尽量完善自己的各项技能。制订策略，找到自己目前欠缺的信息或者资源。

Chapter

08

/ 第八章 /

选择我们公司的理由

拳击比赛的前几轮通常都没什么看点，显得有些无聊。拳击手们互相试探，企图了解对方的特点和假动作，然后才会展开进攻。

面试的过程与此类似，面试刚开始的时候气氛是和谐友好的，紧接着，面试官会通过各种各样的问题，对你的方方面面进行了解。面试官如果觉得有必要，他可能会打击你……以期了解你是否是虚张声势。

如果面试官已经提了十多个问题，而你也都游刃有余地回答完了，那么接下来可能就会进入接受打击的阶段。这个阶段不是随便回答几个开放式问题就能过关的。为了顺利过关，你一定要展现出自己的真材实料。

你是否了解我们公司

面试官希望听到哪些内容？

很多应聘者会将这个问题仅仅看作是打破僵局的突破口，因此，他们不会特别准备答案，通常用最简洁的回答：“不了解。”

你一定不想这样跟风吧？毕竟，这份工作对你来说意义重大，怎么会随随便便对待一个如此重要的问题呢？又怎么可能表明你的态度就是这样无所谓的呢？

我已经多次强调面试前的准备工作非常重要。而此阶段就是你展现自己的准备工作的好机会。说一些与公司有关的显而易见并且是积极向上的事实，然后找准一个你感兴趣的问题，反问面试官，把握面试的主动权。举个例子：

“我觉得贵公司的历史就是一部成长史。最近，我通过报道了解到，贵公司已经连续七年保持两位数的增长率。我在贵公司的年报中看到，在未来不久贵公司就会引进一条新的产品线。有机会申请到贵公司的岗位是我的荣幸。您能为我详细地介绍一下这个部门的情况以及我应聘的岗位吗？”

"Boy, what a growth story Starter Up is! Didn't I read recently that you've had seven straight years of double-digit growth? I read in your annual report that you're planning to introduce a new line of products in the near future. I jumped at the chance to apply here. Can you tell me a little bit about this division and the position that's available?"

绿灯

只要能够体现你面试之前的准备、调查工作，任何的答案都可以。你的准备工作做得越到位，你的成功概率也就越高。

能够反馈出你的调查工作（从公司网站阅读到公司的年报，所有能够了解到该公司的平台都不会放过，了解公司的产品以及服务）的全面性、详细性的答案也都是可取的。

= 相关问题

◇你对我们公司所在的社区、城镇、城市了解吗？

◇你希望进入我们公司哪个办事处工作？

◇你能够适应在多个办事处之间出差的工作吗？

你还有什么问题需要我来解答吗

面试官希望听到哪些内容？

通常，这个问题是面试结束前的最后一个问题。换句话说，你可以将这个问题当作是面试结束的标识。我一直在强调面试前的调研工作的重要性，在这里同样适用。

我也再次强调一下，你的回答不要是“没有”。如果你将这（为该公司效力）当作是职业道路上非常重要的一步，那么，怎么可能没有进一步了解的渴求呢？

就算你认为自己非常喜欢这份工作，也明确了岗位职责，你也不能说“没有”。如果你没有任何反应，面试官就会觉得你对此工作没有兴趣。这对应聘者来说无疑是失败的。

你想了解哪些内容？

在面试的过程中，你要想尽办法用最完美的答案来说服面试官。但是，你还要记住自己的另一个目标，那就是公司的企业文化与你的性格匹配度是否一致，目标岗位能否为你提供自由发挥的空间，是否值得你为它效力。

如果我是应聘者，我会提出这几个问题：

1. 是否能给我提供一份正式的、书面的岗位职责的描述？我希望能够全面深入了解这个岗位的主要工作内容以及公司对此的期望值。

如果参加的是群体面试，那么这个问题是一个非常好的问题。借由这个问题，你可能很快有机会与招聘经理见面。如果没有现成的职责描述的内容，你也可以要求面试官尽可能详细地为你介绍岗位的各个方面。

2. 这个岗位的员工是否有晋升到公司其他岗位的机会？具体是哪些岗位？

没有谁希望自己应聘的岗位是完全没有上升空间的。所以，你要询问面试官在此岗位工作一段时间后，可以向哪些特定岗位的方向发展。是否有过先例？目前他是否还在公司？如果是的话，他现在是什么职位？

你要努力寻求这个问题的答案，但是不要让面试官认为你是急于升职。

3. 您认为优秀的应聘者需要具备哪些能力或特质？

你可以通过面试官的回答了解到你在他心中的分量，这样就可以做到心中有数。面试结束的时候，再次强调这些内容，足以给面试官留下完美的印象。

4. 您能为我介绍一下这个岗位接触的最多的几个人吗？

我很希望在进入公司之前有人能够为我解答这个问题。我们可以从面试官的回答中获得很多信息，例如：你的同事们是否精于自己的分内工作，你能否从同事的身上学到宝贵的知识和技能。更重要的是，你可以根据对方的回答判断出他对自己的团队是否有足够的信心。

招聘经理希望将自己最好的一面呈现给应聘者，这与应聘者急于将自己的所有优点都摆到面试官的眼前是同一个道理。这个问题可以降低对方的警惕性，让你有机会看到严肃的面部表情背后真实的情况。

5. 你觉得公司在哪方面做得最好？最得人心？

如果面试官面对这个问题时支支吾吾了好长时间，这就意味着他对公司没有什么好感。

如果他一下子就打开了话匣子，和你分享了有关公司的很多趣事，那么你一定会更欣赏他本人和公司。而且，他的回答也会让你了解到面试官的价值观以及公司的企业文化。如果他一直在强调公司的产品或者股票的话，那就说明公司的人文情怀需要进一步提高。

6. 公司在行业内的排名是怎样的？现在的排名与过去几年的排名相比，有着怎样的变化？

在之前做的对公司的调研结果中，我们很容易找到相关的信息，尤其是上市公司。如果对此已经有了一定的了解，那么你就可以将这些信息放到你的提问中去。

7. 我从报纸上了解到，贵公司在过去的3年间，从行业排名第5一跃成为第3。实现这种跨越式发展的秘诀是什么呢?

这个问题能够很好地展示你曾经做的准备工作。

在这个阶段，你要尽量避免提出假期、带薪年假、医疗保险、事假等类型的问题，因为这些问题会让面试官觉得你是急于摆脱现在的工作。

下面，我为大家列出我所能想到的所有的问题清单。在面试之前，你要设法将这些问题的答案拟定出来，努力做到心中有数（当然实际操作起来并不像想象中的那么容易，尤其你应聘的是规模并不是很大的私有企业）。

有关公司的提问

◇公司的主要产品或服务是什么？将来还会生产哪些产品?

◇公司的主要市场是哪里？公司所占的市场是否有逐年递增的趋势?

◇公司近几年是否有向其他市场拓展业务的计划？有哪些市场被列入其中？预计通过怎样的销售渠道实现拓展目标?

◇据你估计，公司今年销售额的增长率会达到多少？这个目标是通过内部调整还是兼并来实现？

◇公司主要股东有几位？

◇公司一共有多少员工？设有多少个办事处？这个办事处有多少名员工？

◇公司在最近的五年内是否出现过大规模裁员的情况？在接下来的几年中是否可能出现这样的情况？如果会出现，裁员会对我所在的部门产生怎样的影响？

◇公司目前遭遇的最大挑战是什么？希望通过哪种方式解决？你们希望得到怎样的结果？

◇公司在行业中所占的市场份额是多少？

◇在这些领域中，主要的竞争者分别都是谁？

◇请为我介绍一下公司具体的培训内容。对于职业培训，公司是否会提供经济上的补助？员工是否可以请假参加相关课程的培训？

◇你信奉的招聘哲学是怎样的？

◇公司的发展计划以及规划都包括什么？

◇在未来的几年中，公司的主要目标是什么？

◇你最欣赏公司的哪一点？为什么？

◇公司在行业内排名如何？与前几年相比发生了怎样的变化？

有关部门或者分支机构的提问

◇请解释一下部门的组织架构以及主要的职能。

◇我的直属上司是谁？他的直属上司是谁？

◇我应聘的部门与哪个部门的来往最密切？

◇我应聘的部门一共有多少名员工？

◇我应聘的部门面临的最大问题是什么？

有关岗位本身的问题

◇我可能会获得哪些培训的机会？这个机会会持续多长时间？

◇我负责的下属一共有多少名？

◇公司是否有员工换岗的规定？是强制的还是自愿的？

◇我的前任被开除了吗？开除的原因是什么？

◇我能否与前任见一面，聊一下工作的事情？

◇能否为我提供一份书面的岗位职责的描述？

◇能否为我描述一下此岗位每天的日常工作？

◇这个岗位已经空缺多长时间了？

◇对于这个岗位，您已经面试多少位应聘者了？在做出最终决定之前，您还将面试多少名应聘者？

◇公司内部没有适合这个岗位的人选吗？

◇在做出最终决定之前，我还将接受几轮面试？面试官都是什么人？

◇我的工作地点在哪里？我能参观一下我的办公室吗？

◇我的日常工作有多少可以自由发挥的空间？

◇这个岗位的优秀员工是否可以成为某些岗位的管理者？是哪些岗位？

◇能否为我详细介绍一下我在实际工作中接触最多的那群人？

这个职位最吸引你的地方是什么？我们公司最吸引你的地方是什么？

面试官希望听到哪些内容？

通过前面几章的学习，你一定已经掌握了回答提问的关键点，那就是你需要获得更多的机会、更多的责任、更多的权力、更多的学习以及完善各项技能的机会。

不过，也一定要抓住机会，表明你对公司以及目标岗位的了解，告诉面试官你的效力将如何为公司的进一步发展做出巨大的贡献。

绿灯

你对公司的情况非常了解，所以你可以这样回答这个问题：我看到了很多关于钛球轴承的新闻报道，非常想参与进去。而不是说：在贵公司工作，我就不必上下班与人们挤公交、挤地铁（不要诧异，这样的答案我亲耳听到过很多次，上下班的交通的确很拥堵，而大部分人都深受其苦，但是，没有一个面试官想要听到这样的答案）。

红灯

你要格外留意那些与公司企业文化不一致的内容。如果你的兴趣并不是这份工作，你很可能会将自己推入深渊中。

= 相关问题

◇5分满分，1分最低，请你为自己对公司的兴趣打个分。为你对目标岗位的兴趣浓厚度打个分。

你是否听说过公司的某些负面信息？

面试官希望听到哪些内容？

这个问题显得有些棘手。当然，你最希望将所有问题可能带来的负面影响最小化。如果在新闻报道中没有出现过比较劲爆的内容，你就可以将这个问题引入公司是否引进了最新的软件或者操作系统。当然，你可以表达一下自己希冀公司有着更加稳定的利润。

反之，如果新闻中曾出现过比较劲爆的内容，你就要有不同的态度了。也许你听说公司一年前曾有过大规模的裁员情况，你要担心的是这件事是否已经妥善处理了。又或者，你听说公司面临着被兼并的可能性。

不必装得不知道任何的负面消息。如果有类似上面的这两种情况，任何一个求职者对公司的前途与发展有着担忧都是正常的。如果面试官给了你这样的机会，而不是需要你自己去寻找机会开口询问这些比较尴尬的问题，那你还犹豫什么呢？

当然，在这个阶段一定要避免出现打自己脸的情况。比如：我不确定自己是否喜欢同时为3个上司效力的工作，或者，一个月后我们是否可以谈一下薪资待遇的问题。这种话都是不明智的应聘者的话。

我们公司比你以前效力的公司大（小），你怎么看？

面试官希望听到哪些内容？

如果你应聘的公司是规模更大的，那你的答案一定是希望获得更多的成长机会，积累更多的实战经验。

反之，如果你应聘的公司规模比较小，你可以说小公司的氛围通常比较自主、开明，决策需要的周期短，部门规模小，员工更熟悉公司的办事流程。

你希望下一份工作能给你带来什么

面试官希望听到哪些内容?

显然，你要根据自己的目标岗位调整答案。但是，不要将你的答案描述成只是将岗位职责换了一种表达形式，这是不合适的。

面试官希望借这个问题评估应聘者对所应聘的岗位兴趣的浓厚度，确定你是否对此岗位抱持着可有可无的态度。所以，你要将自己的焦点放到目标岗位上。此岗位最关键的技能是什么？你要强调的就是这个岗位能够完善、发展你的这些技能。

当然，千万要记得，一定要表达你对工作本身有着浓厚的兴趣。举个例子：

“我现在的职位是公司发展研究部副研究员，主要工作职责是研究公司及政府的投资行为，掌握申请经费的要领。我热爱这份工作，唯一不足的是我没有更多与捐赠者接触的机会，肯定他们为研究工作做出的贡献。”

“目前的岗位基本没有这样的机会。与《捐赠先锋》的合作，使我确信我完全有能力向各类组织机构请求获得经济上的支援。”

"In my current position as development research associate, I research corporate and government funding opportunities and write grant proposals. I enjoy my work very much, but my contact with prospective donors has been limited. I look forward to a position that offers more opportunities to work with donors, secure their support, and ensure that they are recognized for their contributions."

"I have had a few opportunities to do this with my current employer, and based on my success in dealing with Timely Donations, inc., I know I can successfully advocate an organization's mission to gain needed corporate support."

= 相关问题

◇如果可以随心所欲地选择工作，你会选择怎样的工作?

◇如果可以随心所欲地选择公司，你会选择哪一家?

现在，不是将自己梦想变成现实的时刻，更别说幻想了，所以理性一些。就算你最渴望的是去巴黎工作，但是你应聘的公司并没有在巴黎设立分公司，你又何必自讨苦吃。

反之，如果你将应聘公司说成是自己梦寐以求的，这显然是不真实的，面试官会觉得你这个人过于做作。

既然如何都无法讨得面试官的欢心，反而都会将自己置于水深火热的境地，那就尽快将这个问题摆脱掉吧。

听了我对岗位的描述，你认为自己哪些方面不适合?

面试官希望听到哪些内容?

先给大家讲一个有趣的故事！一天，一个男人和他的爱尔兰朋友聊了一会儿天后，这个男人实在忍不住了，一脸惊讶地问："为什么爱尔兰人总是用问题回答我们的提问？"这个朋友镇定地眨着眼睛回答说："我们现在的情况也是这样的吧？"

最好的办法就是模仿。将面试官的问题抛回给面试官。你可以这样回答：

"通过你的描述，我知道我要监控大量的产品。公司是否有具体的质量管理流程？我能否与专家们共同讨论操作问题？"

"You've described a position in which I'd be overseeing some extraordinary levels of output. What sort of quality-control procedures does this company have? Will I be able to consult with in-house specialists?"

这个问题与之前提到的一个问题有着很高的相似度：你是否听说过公司的某些负面信息？如果因为公司或者工作岗位本身存在着致命的问题，因此你决定放弃这份工作（当然，面试官是不知情的），那么，面试官就会想知道你为什么做出这样的决定。

可能出现的情况有以下三种：

◇你的反对意见无效。如果面试官成功反驳了你的反对意见，你就会再次成为这个岗位最有利的竞争者。

◇你的反对意见真实有效。很可能会因为这个原因，面试官将你从候选人的名单中剔除。

◇你的反对意见真实有效。你决定放弃这个机会，再次踏上择业之路。

结合你对本行业的了解，你的目标岗位与理想岗位之间存在怎样的差异？

面试官希望听到哪些内容？

理想岗位往往同时具备以下几个特征：

◇职责、权限范围比较大；

◇有机会了解行业最新动态；

◇有机会完善自己各方面的技能。

所以，你要利用自己对行业的了解，组织出自己的答案，虽然有些理想化，但是不至于不现实。

“我知道，现在很多会计师事务所的收入中，咨询业务所占的比重越来越大。我希望找到的工作可以让我尽情发挥以下几个技能：成本核算、客户咨询、解决问题。最理想的状态是从团队做起，最终选择一个发展方向，比如制造业企业的成本核算。”

"I know that many accounting firms are deriving more and more of their fee income from consulting services. I'd like a job that combines my cost accounting expertise with client consultation and problem solving. Ideally, I'd like to start as part of a team, then eventually head up a practice in aspecific area, say, cost accounting in manufacturing environments."

根据你对此岗位的了解，选择一个几乎可以忽略不计的点，注意是仅能选择一个，针对你还不了解的那些方面，设计一个问题。延续上面的那个例子，你可以这样说：

"我知道，这个岗位属于审计的范畴，而贵公司一定更希望招聘到入门级别的员工。我承认，这份工作可以为我将来从事制造业方面的工作（后面可能是咨询类岗位）打下一定的基础。当然，我目前对这方面的技能和知识都很欠缺。我能在这个岗位上学到我想学的技能和知识吗？我的职业规划能否在贵公司实现？"

"I know this position in the auditing area and that you hire many of your entry-level people into that department. I must confess, I would like this to be a stepping stone to working more in the manufacturing area and, several years down the line, in consulting. I'm sure I don't have the requisite knowledge or experience yet. Is this a position in which I can gain such experience, and is this a career track that's possible at this firm?"

工作中枯燥和不愉快的内容你将如何应对？

面试官希望听到哪些内容？

提出这个问题的时候，面试官们通常会举出与具体工作相关的内容，比如：关于税收问题，通常很难发挥主观能动性，用富有创意的方式完成任务。大部分时候，你需要埋头制作报表，研究最新的法律条文。这个情况你知道吧？

你可以这样回答：

“我觉得，会计领域的每一个岗位都要涉及日常工作。这是必须完成的内容，因为这些日常工作反而是最重要的部分。也正是因为这些日常工作，才使得我们更加务实，而不是一味追求创意。”

“I’m sure that every job in the accounting field has its routine tasks. They have to be done, too. Doing those tasks is part of the satisfaction of doing the job well. They make the relatively infrequent chances we have to be creative even more satisfying.”

你缺少预算（销售等）方面的经验。你将如何学习这些技能，以便更好地开展工作？

面试官希望听到哪些内容？

“通过我的整个职业生涯不难看出，我是一个学习能力非常强的人。举个例子，我所在的公司采用新的库存制度，我没有参加过任何的培训。不过，开发这个软件的公司制作了相关的培训教程以及指导手册，我在家自学了整个教程并不停练习。我觉得我完全可以通过相同的方式学习贵公司的预算系统。”

“Well, throughout my career, I’ve proven to be a quick study. For example, when my company’s inventory system was computerized, I didn’t have the time to go through the training. But the company that supplied the software had developed some computer-based tutorials and training manuals. I studied them and practiced at home. I hope that I’d be able to do something similar to pick up the rudiments of your budgeting system.”

你还可以提出其他的学习方式，比如阅读专业的出版物，参加相关的研讨会等。面试官提出这个问题的主要目的是，想知道你会不会因为不知道具体的流程而坐在办公室中玩弄自己的手指头——一副无聊透顶的样子。你要让面试官知道你已经做好了全身心学习各项新技能的准备。

你要如何拯救你的工作呢？如果你对公司的业务并不是很了解，那么你要花费一定的时间阅读相关产业和贸易方面的内容。尤其要关注那些指导行业同仁解决常见问题的文章，以及那些为读者提供各种建议、工具、小贴士从而提高工作效率的文章。

你要让面试官相信，你已经做好了充足的准备，一旦上任，就会用最理智的头脑解决最棘手的问题。

另外，你要尽快完善自己的知识和技能储备。面试官们可能会当场让你解决一些问题，这样做是为了考核你对某些与工作紧密相关的技能的熟悉程度。

准备工作做得越充分，你在面试中的表现就会越突出。如果在面试中你表现得连最简单、最常见的问题的解决方式都不知道的话，面试官就会对你失去信心，而且很难重拾。这一步的失误是令人惋惜的，之前所有的努力都将白费。

提醒：每个公司都有自己的内部术语。所以，记得与面试官核对你的术语，保证交流顺畅地进行下去。

你预计和我们一起奋斗多长时间？

面试官希望听到哪些内容？

对于我来说，最讨厌听到的答案就是“永远”，因为这是不可能的（如果哪个应聘者觉得我希望听到的是这句话，那么他的智商一定有问题）。你要尽量用简洁的语言回答他，告诉他：“只要我还有成长、学习的空间，只要你觉得我还能在某种程度上推动公司的发展。”

我无法确定这个问题的答案会对面试官的最终决定产生怎样的影响，但是，我敢保证，给出“啊，一两个月吧！直到我找到理想的工作为止”这样答案的应聘者无法通过群面（换句话说，面试的前十个问题就会将他淘汰）。另外，还要注意你的肢体语言，不要泄露自己的内心。羞愧不安的情绪足以反应你的真实想法——“啊，一两个月吧！直到我找到理想的工作为止。”

如果你的简历显示出来的是你在频繁跳槽，但是你的回答却是标准的“只要还有发展空间”等，面试官可能就会提出这样的问题：“你在应聘之前的四个岗位的时候，也是这样回答面试官的吧？”对此，不必吃惊，不论你如何回答，只要不是这样的答案就好：“是的，而且那些面试官也都相信了我的话。”

你觉得我在面试中的表现如何？

面试官希望听到哪些内容？

其实，你内心真实的想法是与面试官的交谈并不是那么愉快，对不对？不过，拖沓的答案会显得不近人情，而“很好，先生，我可以为您擦皮鞋吗”就会显得低三下四。这个问题也没有明确的答案，有些类似情境面试的一些问题。所以，不用给对方明确的答案，还是抛个问题给他吧！

谈谈工作之外的事吧！

面试官希望听到哪些内容？

对于这个问题，很多人存在着误区。他们觉得，在面试的过程中，应聘者不应该谈及工作之外的事情。但是，事实是，工作并不是我们的全部生活内容。工作之外，我们还有很多时间，大部分面试官都希望了解工作之外的你。

在回答与私人生活有关的问题时，我们要遵循的原则和回答与工作相关的问题相同：强调积极正面的内容，将自己性格中美好的一面展现给面试官。

注意，不要喋喋不休，长篇大论。你的每一句话都可能向面试官透露更多的信息——直接询问应聘者这些信息是违法的。举个例子，面试进行得很顺利，氛围很温暖，这个时候你就可能会谈论自己的孩子或者单身父母。

面试官不能主动询问你的家庭情况，却会以此为理由将你淘汰。不过，你在无意间透露出这些信息，就不是面试官的错了。对此，他们就会觉得这些因素会导致你在工作上的表现并不是那么优秀，比如，如果你的目标岗位需要出差，当天无法返回，他们就会觉得你的家庭情况可能会带来某些麻烦。

也就是说，这些私人问题可能会给你带来独特的魅力，也可能会将你推向深渊。

与你的身体情况相关的问题

面试官在提出这个问题的时候，通常显得很自然和不经意，当然，他们对你身体状况的关心并不是那么简单。大部分公司都在尽力避免公司员工健康险的开支急剧上升。大部分招聘经理都希望明确知道，在他们最需要你的时候，你是否会被那些接二连三的流感病毒击倒。

你的身体状况如何？你如何保持体形？

回答这个问题的时候，你一定要坦率。如果面试官觉得你的身体状况并不是那么好，他们就可能会核实你的医疗史。实际上，很多公司都会在正式发出工作邀请前要求你参加体检。

如果你的体形不错，还懂得养生的话，面试官们就不会那么在意你的身体情况了。你不需要是一名狂热的运动爱好者，你只要告诉面试官，你每天都会做一些简单的运动保持健康，比如：修剪草坪、修理家具、遛狗等。

你的身体是否存在着某些会影响工作的残疾？如果是，需要我

们提供怎样的帮助?

面试官希望听到哪些内容?

这个问题合法，请如实回答。比如，你正深受腕部腱鞘炎的痛苦，你的目标岗位是否需要你做大量的文字录入工作？目标岗位需要来回走动或一直站着的，这是否会影响你膝盖的健康？

记住，这里探讨的是“完成目标岗位工作的能力”，某些身体残疾并不是我们要讨论的内容。

你要如何平衡家庭和工作?

面试官希望听到哪些内容?

这也是一个合法的问题。如果你觉得不应该将工作之外的事情纳入面试中的话，这显然不可能。为什么你要避开这类问题？如果面试官一直揪着这个问题不松手，你就会担心目标公司有着某些不成文的规定，比如：需要出差的岗位不招聘单身的父亲/母亲（如果出差超过某个界限，不招聘有孩子的人）。

同样，如果你希望避重就轻地回答这个问题，可以参考下面的例子：

“我是一个乐于奉献、忠诚，而且工作积极努力的员工。我的私人生活，包括我的家庭、兴趣爱好、志愿活动等，从来没有影响过我的工作。当然，我也不会让这种情况发生。”

“I have been a dedicated, loyal, hardworking employee throughout my career and nothing in my personal life-family obligations, hobbies, or volunteer work-has ever affected my performance. Nor would I ever expect it to."

闲暇时间，你有什么爱好？

面试官希望听到哪些内容？

很多面试官信奉一句话：如果你希望某项工作迅速完成，将它分配给那个繁忙的人。所以，你要将自己描述成一个积极向上的人。你要抓住这个机会，展示出你的多才多艺。

回答问题的时候，要强调那些能够促进你工作表现的兴趣爱好。比如，如果你的目标岗位是书店的店长，你就可以提到自己每周阅读三本书，这显然是加分项。反之，你沉醉于直升机滑雪，显然对工作没什么帮助，对任何工作都如此！

= 相关问题

◇你的兴趣爱好是什么？

◇工作之外你常做什么？

绿灯

避免谈论那些有争议性的话题。比如，明智的应聘者可以回答看书、打球，而不是蹦极，为某组织募捐。

你一定不希望自己的业余爱好会成为你走向目标岗位的绊脚石，对不对？另外，还要注意，不要吹嘘那些可能会让保守谨慎的面试官怀疑你随时可能请病假，或者惹上官司的活动。

通常来说，体育运动的内容都是比较安全的，比如，参加团队运动项目，或者是看护小孩，也可以是热衷于某项体育运动，游泳、跑步、骑车、散步等。不要提及那些让人担忧或者具有争议的内容，如跳伞运动、打猎等。

大部分面试官都喜欢听到你的业余爱好体现了人本主义和团队合作精神。参加贸易促进会、“扶轮国际”（1905年成立于美国，是一种由从事工商和自由职业的人员组成的群众性服务社团）等组织，以及为慈善机构募捐，都会为你赢得面试官的青睐。但是，如果你闭口不谈你的业余生活，面试官就会觉得你在故意与他保持距离。你要仔细斟酌自己的答案，防止出现以下任何一种情况：

◇避免留下“沙发土豆”的印象。“我是巨人队（旧金山的棒球队）的粉丝，只要是他们的比赛，我就一定不会错过。我还喜欢看《我家也有大明星》《24》《摇滚30》等节目。每天下午我都会将这些节目录下来，好打发周末无聊的时间。”

◇让人感觉随时都会倒下。“我喜欢壁球运动，同时也是一名壁球教练。我是当地博物馆的执行董事之一，将会参加今年秋季的市委大选。在我的闲暇时间，我还会去大学听有关埃及的讲座。”（天啊！你还有时间和精力来工作吗？）

◇吹嘘一些比较危险的运动项目。“我喜欢挑战，下个周末，我将参加跳伞运动。在橄榄球赛开始之前，我要找一些刺激的运动让自己兴奋起来。”

◇具有巨大争议的兴趣爱好，会让面试官反感。“每次参加绿色和平游行，我都站在最前面。”或者“我将所有的存款都捐给了圣战，用来说教世人信奉××信仰。”

如何才能更好地展现自己的才能，并且完美回答出面试官的问题

◇避免自我陶醉。只有那些令人讨厌的人才会觉得，自吹自擂的表述方式才是最恰当的。面试的过程中，你要恰当地展现自己的优势和能力，一定要记得适可而止。

◇强调公司看重的特质。我的意思是，你要强调自己高涨的热情、充分的自信、诚实可靠的为人、充沛的精力，你的回答一定要能够体现出这些特质。换位思考一下，如果你是面试官，你希望招到怎样的员工？难道你不希望自己招到的人是实干型的、善于团队合作的、努力实现目标的人?

◇避免死板的回答。我有一个朋友，在大学的时候需要通过打工赚取学费以及生活费。所以，他不像其他同学那样，在暑假的时候参加一些没有报酬的实习或者课外活动，而是去加油站加油，去超市整理货架。当面试官问他为什么没有实习经历的时候，他是这样回答的：

“我很希望自己能够为学校的报纸誊抄一些稿件。不过，我当时将所有可以利用的时间都拿来挣钱以支付我大学期间的费用。幸运的是，在这些工作中我学到了很多东西，而这些东西是其他同学没有学到的。也许，要几年后他们才能像现在的我一样明白什么是生活，什么是工作。我知道如何与别人相处，如何有效管理自己的时间，而这是我最大的财富。”

◇根据岗位职责，重组你的答案。面试前，要尽量了解职位的相关信息。当你强调自己已经掌握的技能、知识以及经验的时候，要将这些与公司的要求和目标联系到一起。

如何在面试过程中取得胜利

◇思考自己取得成功或者遭遇失败的内在因素。你在阐述自己获得的成就，或者因为自己的失败而愤愤不平的时候，你要强调的是自己从中学到的经验教训，以及你如何将这些经验教训运用到今后的工作中，或者是你打算在这个岗位上如何实施的详细计划。

◇切忌过分夸张。你的成就和职责就是对你的能力和态度的证明。如果你认为在上一个岗位上没有发挥的空间，你可以如实告诉面试官。但是，不要扭曲事实。面试官总是会有办法戳破你的谎言的。不要以身试法，你很可能会因此丢了饭碗。

◇不要表现出一副急于找到工作的绝望神色……哪怕你已经失业很久了。如果面试官希望将你招进公司，那么他们就会将“迫切得到工作”与“廉价劳动力”画等号。当然，也不要狂妄自大。你要表现出自己的真实想法和兴趣，表达出自己希望面试成功的愿望。

◇不要提及消极的内容。你一定希望面试官将你与积极向上的言语和行为联系在一起。

◇享受你目前的工作。你要让面试官看到你现在的乐观向上。无论真实情况如何，人生没有过不去的坎儿，反而是情况越糟糕，你的精神状态越要好。

◇创建动词表。将这些动词放到你的简历、求职信、感谢信和面试中。

Chapter

09

/ 第九章 /

看上去简单的问题

我有一个朋友，是一家大型公司的招聘主管，他通常要连续几周从上百名应聘者中为公司各个空缺的岗位筛选最适合的人员。他有着丰富的实战经验。实际上，他只需要很短的时间就能够确定这个人是否符合所应聘的岗位。甚至，有的时候还没有进入真正的面试环节，他就用“谢谢你前来面试”将一些应聘者打发掉。

举个例子：一天早上，有个应聘现场销售的求职者来到公司，我朋友说了句“您好”，这位求职者就开始抱怨外面的瓢泼大雨和自己抽丝的袜子。

我的朋友认为，这种细节之处总是能很好地体现一个人的素养。他转身面对应聘者，一脸的窘迫，说：“啊，您是来应聘现场销售那个职位的吧？实在不好意思，昨天忘了给您打电话，事实上，我们公司昨天就已经招到了合适的人选。如果我们公司有类似的职位，我们会重点考虑您。感谢您能来参加面试。”

不要让煮熟的鸭子飞走

这个故事告诉大家一个容易被忽视的事实：面试中没有天真的问题。面试官在见到你第一眼（或者在电话中听到你说第一句话的声音）时，就已经开始审核你的一言一行。这个情况将会一直持续到你应聘结束（或者是在面试官的陪同下走出面试地点）为之。面试官们通常会将这些问题当作是打破僵局的工作，他们觉得，只要是能够营造出一种非正式交谈的氛围，应聘者就会放松防备、放松警惕。

很多被淘汰的应聘者直到最后也没有意识到，正是那些看似简单、不经意的问题，成了最关键的环节。

对于以下问题一定要好好准备。

你今天心情怎么样?

面试官希望听到哪些内容?

今天心情特别好，谢谢。你绝对绝对没有碰到任何让你心情不好的事情（就算有也不要承认，直接回答“我很好”就可以了），即使你用了很长时间才从面试官的助理那儿得知具体的乘车路线。

出口的话一定要积极向上。我并不是要求大家一脸傻笑，装得千依百顺的样子，发表长篇大论。不过，我再三强调一定要保持警惕，在与面试官交流的过程中不要透露出任何不美好的事情（就算是糟糕的天气也不行）。

= 相关问题

◇我们公司好找吗?

◇你住在哪里?环境怎么样?

你最近读了什么书?

面试官希望听到哪些内容?

一个人选择的图书能够完全体现他的人品和处世哲学。不过，在回答之前，你要考虑到以下几个问题：无关对错，面试官会觉得热爱阅读小说的人是在为自己寻找精神寄托以逃避现实生活带来的压力，而那些喜欢阅读纪实类书籍的人则是对生活充满了热情。

所以，选择图书的时候要避免那些让你非常热爱的惊悚小说，而是要选择当下畅销的商务或励志类书籍。《高效率领导的七种习惯》《市场部主管的处世哲学》这样的图书，能够充分体现你希望自己成为知识渊博、能力超群的商务人士的决心。

你最近看了什么电影?

面试官希望听到哪些内容?

选择一部受到观众热捧而且没有争议的电影。反之，如果你兴致勃勃地回答是《黑色星期五》，你要知道，这并不会给你加分。

你一定不希望那些外国电影和激进主义纪录片成为你走向成功的绊脚石，对吧？或许《阿甘正传》反而是更有利一些。（如果你觉得你在电影方面的品味不会影响到你面试的结果，那么你完全可以告诉面试官你最喜欢《天生杀人狂》这种电影。）

= 相关问题

◇你最喜欢和哪三个人共同进餐?

◇如果你要前往荒岛，最希望带着谁?

◇你最喜欢什么书?

◇你最喜欢的作家是谁?

◇你最喜欢的演员是谁?

◇你最喜欢的电影是哪一部?

◇你最喜欢的电视节目是什么?

◇你平常阅读哪种杂志?

◇你是通过哪些渠道了解新闻的?

被歧视因而被淘汰

最理想的状态是，公司以及招聘经理通过考核应聘者的各项知识、相关技能、实战经验做出评估，并根据考核结果优胜劣汰。

但是，我们都知道，不可能是如此简单的。事实上，很多招聘经理以及公司对于肤色不同于自己的求职者、残疾人、50岁以上的应聘者，甚至那些他们觉得可能在不久的未来面临着生育问题的育龄女性有着不同的偏见。

在评估他人的时候，我们大部分人都做不到真正意义上的客观公正。不过，作为应聘者，你完全有理由拒绝那些和自己的种族、国籍、婚姻状况、经济状况相关的问题，以及那些并不影响工作表现的身体上的某些残疾。

你是单身（已婚、分居、离婚）吗？

通常来说，应聘者很难发现面试官的偏见。很多面试官都会采用特别的方式引诱你说出那些可能导致你被淘汰的信息。

也许你已经结婚了，而且有了可爱的孩子，对此你可能很自豪。只是告诉面试官你和你的伴侣正在考虑是否在一年内孕育一个孩子，这会对你造成哪些负面影响呢？

当然，并不是百分百会导致严重的后果。唯一危险的是，我们猜不透面试官会如何解读我们的答案。比如，你和面试官说打算在一年内要孩子，他就会觉得你入职没多久就可能因为生育问题请长假；如果你订婚了，马上要举行婚礼，面试官就会觉得你会为了筹备婚礼，没办法全身心投入到工作中。

面试官可能会问你，能否跟随公司搬迁，频繁出差，或者因为工作需要而加班（对于后两个，面试官会和所有人提出）。这些问题的根本目的在于挖掘出你的家庭信息，看你是否有着“沉重”的家庭负担，就算工作中不会频繁出现出差或者加班的情况，但是，你要做好应对的答案。

直接消除面试官心中疑虑

如果有些问题你真的不想回答，但是又怕因此得罪面试官，你就要直接指出面试官的担忧，尽力消除对方的疑虑。比如，面试官多次询问你是否有孩子，那么他的问题实质上是你能否专注于自己的工作。你可以这样回答他：

“您的意思我明白，您可能会担心我不能按时上下班，或者无法保证任务的质量。关于这一点，请放心！我是一个值得信赖的员工，我都会提前将工作完美完成。实际上，上一份工作的时候，我从来没有迟到过。提前完成任务是我的习惯。”

“I sense that you are concerned about my ability to be here on a regular basis to put in the work necessary to meet deadlines. Just let me assure you that I have always been a reliable worker who’s committed to getting the job done well and on time. In fact, in my last position, I was never late to work once, and I consistently completed all projects ahead of deadline.”

看到了吗？你丝毫没有提及与家庭或孩子相关的任何内容，却真正回答了面试官的问题，即你能否完全忠于自己的工作。

〓 相关问题

◇为什么到现在还不考虑自己的婚姻大事？

◇你打算什么时候结婚？

◇你是一个人生活吗？

◇你有孩子吗？

◇你希望我怎么称呼你，小姐还是女士？

◇你是单亲父 / 母吗？

◇你的家庭谁做主？

◇你的伴侣做什么工作？

◇每周你有多少时间是与家人一起度过的？

◇你认为幸福的婚姻应该具备哪些因素？

◇和我说说你的孩子吧！

◇你与孩子的关系怎么样？

◇你的孩子与你分开生活吗？

◇你和你的父母住在一起吗？

◇我那调皮孩子对小飞虫很有兴趣，你的孩子也这样吗？

◇我妻子（丈夫）非常讨厌我加班。你的伴侣是什么态度呢？

◇你是否实行了计划生育？

◇你是否有生孩子的打算?

◇出差会对你的家庭生活产生影响吗?

◇你是一个以家庭为中心的人吗?

如何应对违法的问题

◇明确自己的权利。针对自己应聘的岗位、行业、所在州了解一下哪些问题是合法的，哪些问题是违法的。

◇不要轻易谈及那些面试官有兴趣而对自己不利的信息。让面试官自己通过努力来获得他想知道的信息，也就是说，不要主动提及自己不想谈及的话题。

◇改变话题。如果你觉得面试官的问题偏离了主题，那么你就要主动改变话题，将话题拉回到谈论的焦点上。

◇满足面试官的好奇心。毕竟，你参加面试的根本目的是为了获得工作，所以，是保留隐私，还是获得工作，自己拿捏轻重。

◇以巧妙的方式警告面试官。你要告诉面试官，他们的有些问题提出得并不是很恰当。

◇终结面试。如果面试官对某些问题揪住不放，那就快刀斩乱麻，让面试结束。毕竟，对于思想如此狭隘的公司和上司，你无法忠心为他们卖命。如果你觉得受到了严重的歧视，可以对公司和面试官提起诉讼。

Chapter

10

/第十章/

陷阱问题

到了这一步，你对这份工作已经十拿九稳了。不过，在这个节骨眼上，你一定不希望自己将它搞砸吧？

同样的，保持一定的警觉性，不要放松你的神经。对于面试的结束问题你还是要认真对待。也就是说，在面试的最后阶段，面试官还是会提出刁钻的问题。

对于出差你怎么看？

面试官希望听到哪些内容？

出差，当然没问题。你的家人理解并支持你的工作，出差是正常现象。不过，难道他们真的愿意你常年在外工作吗？当然并不是这样。除非你真的万分不想出差，否则，就不要让这个问题搞砸了你的面试。（如果工作对出差的要求远远超出了你的预期，你要怎么做？如果出差的频率着实吓了你一跳，为什么没能提前了解相关的信息呢？）

如果工作是必须出差的，那么面试官就基本会在面试前半部分提出这些问题，目的是将那些以家庭为中心的应聘者率先淘汰。

你是否可以跟随公司搬迁到其他地方？

面试官希望听到哪些内容？

如果你真的可以这样做，可以这样回答：

“当然了，事实上，我很希望能够到一个全新的地方生活，体验不同的风土人情，了解不同的生活方式。”

“Absolutely. In fact, I would look forward to the chance to live elsewhere and experience a different lifestyle and meet new people.”

反之，如果你真的不愿意，你就可以这样回答：

“除非工作机会确实很难得，否则我还是很难割舍我的家人和亲朋好友。如果我确实非常感兴趣的话，我会考虑的。”

“Well, not unless the job is so terrific that it would be worth uprooting my family and leaving my relatives and friends. Does this position require a move? I'm obviously very interested in it, so I might consider relocating.”

= 相关问题

◇对于工作地点，你有什么要求吗？

我能否与你的现任老板取得联系？

面试官为什么要问这个问题呢？你一定很想这样回答：“当然

可以了，不过要在你发我工作邀请之后，这样我就不用担心被炒鱿鱼，还能在外面广撒网。”

不过，你最好用这样的口吻来回答：

“在我们达成共识之后，当然可以。我认为离职的消息最好是由当事人告知。”

“Sure you can — after we come to an agreement. I think it’s best if they hear about this from me first.”

我能和你的推荐人联系吗?

面试官希望听到哪些内容?

“当然没问题。”

告诉面试官你会在下午将推荐信送来（如果面试被安排在第二天）。

这样安排你觉得妥当吗？如果你能将推荐信随身携带，当面试官要求你提供推荐信的时候，是不是就可以避免多跑一次呢？

通常来说，当接受面试邀约的时候，都应该要求对方给出一定的准备时间，这样你就可以将推荐信等资料准备好。当然，也可以不在现场交出推荐信，这样你就可以告诉你的推荐人，××公司的招聘经理可能会打来面试电话。如果你的推荐人的确会嘉奖你的话，你就要给他足够的准备时间。

警告：越来越多的用工单位不愿意为员工提供推荐信，因为他们可能会因为推荐信的内容被员工以诽谤罪以及污蔑罪告上法庭。而推荐信对一个应聘者来说，通常会决定他是否会被录用，所以，应聘者要和推荐人共同商定推荐信的内容。那些征求了当事人意见和建议，并且在当事人的共同参与下完成的推荐信，我们有理由相信内容是公正的，能够体现你的优势、劣势和部门的工作内容等。

你觉得还有哪些信息是我们应该知道的？

面试官希望听到哪些内容？

你可能自己已经没什么想说的了。但是，也不能这样说。这个机会是你为面试画下完美句号的机会，这简直再容易不过了。拒绝这种机会的人非常愚蠢。

你要总结一下自己的各种技能、优势以及已经掌握的知识，然后用最简单的语言回答。比如：

“××先生，我认为我已经比较全面地介绍了自己。不过，我要再一次强调我的优势，正是这些优势让我能够胜任这份工作。”

“第一，我有着丰富的工作经验。目前的工作与我应聘的岗位非常相似。很开心，我能够运用在A公司学到的技能和知识为贵公司效力。”

“第二，我有着丰富的管理经验。我负责过与应聘部门规模相似的部门的运作。我是一个公平公正、高效合理的上司。”

“第三，我取得的成就是有目共睹的。我获得过两次业内大奖。我的创新能力将伴随我一生。”

“最后，我对工作有着极大的热情。我很高兴与您公事，为贵公司效劳。您认为什么时候能做出最终决定呢？”

“Mr. Krueger, I think we’ve covered everything. But I want to reemphasize the key strengths that I would bring to this position.”

“Experience. The job I’m currently in is quite similar to this one, and I would be excited by the chance to apply what I’ve learner at WidgetLand to working for your company.”

“Management skills. I run a department almost equal in size to this one. I’m a fair and effective supervisor. A record of success. I’ve won two prestigious industry awards. I would bring that creativity here.”

“Enthusiasm. I’m very excited about the prospect of working with you here at Triskaidekaphobia. When do you expect to make a decision?”

你一定要再次重申自己在面试过程中提到的各种特质。在回答完问题之后，要记得提醒面试官早日确定发榜的时间。这是一个很有效的自我推销的技巧。应聘成功的概率也会因此而大大增加。

〓 相关问题

◇我为什么要选择你？

◇如果你是我，你会录取自己吗？

和待遇有关的问题

对于这个问题，我的原则很简单：当你没有说服面试官自己是目标岗位最佳的人选之前，不要谈及薪酬的问题。

正是因为这一点，我才将这个问题放在最后来讨论。面试官会观察你的一言一行，并根据得到的信心评估你的能力。同时，面试官还会考察其他的应聘者，而他们的薪酬要求可能会比你多很多。

无论怎样，在最开始谈论这个问题的时候，面试官都会希望你能够说出最低的薪资要求，但是，不要说出具体的数字。你要说一个区间范围。当然，你说出的薪酬标准的下限要比你能接受的最低薪资标准高。如果面试官决定聘用你，那么你在薪酬方面的主动性就会大很多。

你期望的薪资水平是怎样的？

面试官希望听到哪些内容？

首先你要对自己应聘的岗位、所处行业有一定的了解。如果你对本地区的行业薪资标准没有概念，那么就做个细致的调查吧。你还要知道这些数字包含的具体意义：只是薪水，还是包括了其他的福利，比如保险、退休金计划以及其他的增值利益。

如果你是女性，你还要了解一下相应岗位男性的薪资水平如何。那么你就会发现男女之间的薪水还是有一定的差别。无论你的那些女性前辈的薪水是怎样的，你都要争取自己的薪水与男性一个水平。

就算你已经失业很久了，也不要将面试现场当作是可以发泄的地方。一定不要说出这样的话："这份工作非常好。只要给我一间办公室，一部电话，我就会做得非常开心。"

相信自己的价值。在面试的过程中，一定要努力告诉面试官你是一个很有潜力的好员工。所以，此阶段你需要做的事情只是提醒面试官已经决定的内容。

= 相关问题

◇你觉得这份工作应该给你带来怎样的报酬？

你要求的薪资待遇是同样工种的最高水平。我们凭什么要支付如此高的薪酬？

面试官希望听到哪些内容？

再次向面试官强调，你在任职期间将会为公司节省大量的生产成本，并为公司带来最大的收益。比如，你可以这样回答：

"我在上一份工作中，通过与供应商谈判，成功地为公司节省了10%的开支。我相信，我为公司节省的成本以及创造的利益将远远超过公司支付给我的额外报酬。”

“I was able to cut my previous employer’s expenses by 10 percent by negotiating better deals with vendors. I think it’s reasonable to expect that any additional salary we agree to would be offset by savings I could bring the company.”

你什么时候可以开始工作？

面试官希望听到哪些内容？

如果你已经被裁员或者被开除了，那你当然可以马上开始进入新的工作中。

如果你还在职，那么你至少要提前两周通知你的上司你将要离职。如果你身负重任的话，你就需要提前更多的时间通知相关的人员，以便将你手头的工作交接好。

当然，你一定急于将目前正在应聘的岗位拿下，但是，给你一个忠诚的建议，不要过河拆桥，因为你无法估计在未来的某个阶段你是否会重新回到这座桥上。所以，一定要站在目前效力的这个公司的角度思考问题。比如，主动提供协助，指导接手你工作的新人。

如果你要在几周后才能投入到新工作中，那么你可以主动要求在下班的时间阅读一些与公司文化相关的资料。你也可以利用晚上或者周末的时间来新公司，了解各项工作。

红灯

可能最符合你心中想法的答案是"我不确定具体时间"，但是，这样的回答会让面试官觉得你对这份工作并不是那么忠心。

也不要说你入职的时间将推迟，主要的原因在于你想要出去度假。虽然我很同情那些需要通过度假才能够消除由紧张的工作带来的疲惫的人，我也相信度假会帮助他们调整心情，但是，如果我是面试官，这样的答案真的很难让人接受。面试官的反应是，应聘者将自己的需求置于面试官之上，让面试官等待四个星期可不是一件容易的事。

如果我发出工作邀请，你是否会因为某些原因而拒绝呢？

面试官希望听到哪些内容？

"当然不会了。"

这个问题的主要目的是，想知道你在接受工作邀请之后，能否如期出现在工作岗位上。不过，他无法确定这件事情。所以，他会再给你一次表达内心的忧虑的机会，比如：薪水低于预期、福利不好、住房条件差、上司人数过多、后备力量不足、不切实际的销售目标，等等。

目前你是否还在考虑其他的工作？

面试官希望听到哪些内容？

这个问题会出现在面试即将结束的阶段，不过我还是喜欢在前期提问，这样可以知己知彼。当然，我们这里假设的情况是如实回答问题对你是有益的。如果你非常肯定面试官希望得到肯定的答案，那么你就可以直接正面回答，否则还是保持低调最为稳妥。如果你承认自己已经通过冶炼技术得到了钢铁，那么你还有什么必要辛辛苦苦挖煤呢？

= 相关问题

◇实话实说，你是否还在考虑接受工作的邀约？

◇与其他你面试的工作相比，这个岗位如何？

面试结束后的礼节

在结束面试与面试官握手之后，即将离开面试场地，你可能会跳着出去，表达你的欣喜之情。但是，你要知道，面试的结束并不意味你求职生涯的成功。是选择守着电话等待被录用的消息，还是开始新的面试，这都可以。不过，你一定要记得遵守下面的几点礼节：

◇与面试官确定知道最终结果的时间。如果在面试官表明的时间中没有收到通知，那么你就可以打电话问他们是否已经有了确定的人选。

◇写一封感谢信。一定要是简短而温暖的信件，感谢面试官于百忙之中接待你。通过某种方式，提示面试官你能够利用自己的知识和技能将工作完成得更完美。用商务书信的格式将感谢信打印出来，要保证没有错别字，以及其他任何错误。

◇如果不止一位面试官参与了你的面试流程，你就要给每一个与你交流过的面试官写一封感谢信。

◇很多人不愿意以邮件的方式接受感谢信，所以，即使你已经通过邮箱发送了感谢信，我还是建议你以书信的形式邮递一次。

如何给面试画上完美句号

◇巩固。如果你的面试是在同事或者以前的下属的引荐下进行的，不要忘记给介绍人发送一封感谢信。这样可以巩固你的关系网。

◇回忆。在面试的过程中，自己哪些方面表现得比较好？哪些方面表现得比较差？回忆面试的整个过程，保证在下一次面试的时候会做得更好。注意，不要因为自己的失误而埋怨自己，你要做的就是强化自己的优势，弥补自己的劣势，在以后的面试中获得成功。

◇修缮。在你的简历中体现的某些事实，你已经做到了因果明确，那么，面试官们就不会再问任何问题了吗？你是否会在面试的过程中提及简历中没有的工作经历？如果你的回答是肯定的，那么，请修缮你的简历。

◇联系。美国的公司的招聘程序通常比较复杂，所以需要的时间特别长，公司越大，速度就越慢。所以，就算面试是一两周以前的事情了，你也不要因为没有收到通知而感到焦虑。没有消息就是好消息。如果过了大半个月依旧杳无音讯，那么你可以主动给相关人员打电话了解情况，核实你的目标岗位是否仍旧空缺。在打电话的时候，一定要再次表达你对这个岗位的浓厚兴趣，以及自己具备的优势。

◇接受。接受工作邀约的时候，一定不要现场就接受，要用一两天的时间好好想一想这个问题。与面试官约定最终答复的时间。如果你最终不打算接受这份工作，你要将自己不接受的原因告诉给对方。

◇恭喜。如果你成功通过了人生中压力最大的面试，你要恭喜自己的进步，证明你已经到了专业的水平。立刻踏上征程。

附录

面试时一定会遇到的20个问题

面对面试官的问题，我们给出的答案一定要同时做到以下几点：

针对面试官的提问，给出准确的答案；

答案中要洋溢着积极向上的正能量，要表现出你的热情；

同时，表达出你对公司以及岗位的全面了解；

展现出个人优势以及工作经验；

告诉面试官你的技能、知识，保证你是这个岗位的最佳人选。

在向面试官提出问题的时候，我们要做到以下几点：

有针对性地提出问题；

展示自己对行业、公司、部门、岗位的调研工作；

营造出和谐的氛围；

将自己知道的和能做到的与公司的实际需求紧密结合起来。

你提出的问题体现出你对目标岗位的极大兴趣，换句话说，如果你没有任何问题要问，面试官就会觉得你对目标岗位的兴趣不足。尽量做到早些提问，并且要多提出一些问题，免得在面试的过程中出现“一问一答”的僵硬局面，虽然你是回答问题的人，不过采取了这种模式，你们之间就会从“一问一答”变成“对话”形式。通过对话形式，你能够发现双方的兴趣和爱好，找到共同的话题，用“谈话”而不是“表达个人意见”的形式将整个面试过程走完。也就是说，你有责任营造和谐的面试氛围。而且，这种氛围会提升你面试成功的概率。

下面有6个问题，这6个问题很刁钻。当然，你不能在面试中提出这些问题。不过，我认为这6个问题非常重要，要比这20个问题中剩余的14个问题重要。在你接受目标公司的工作邀请之前，请先问问自己这6个问题。

1．我能胜任这份工作吗?

你是否真的能够符合这个岗位的要求？坦诚面对自己，因为如果你的回答是否定的，那么，用不了多久，这个小秘密也会被别人发现。

2．我真的想要这份工作吗?

可能你的面试官对你非常满意，很愿意你成为他的团队中的一员。不过，你一定要确定这份工作是你想要的。如果你不喜欢这份工作，而又决定接受这份工作，那么你就要知道自己这样做的理由是什么，比如：维持生活。

3．这份工作与我长期的职业规划是否相匹配？

你的长期目标越明确，你就越能够轻松找到成功之路。就如你能够掌握自己在面试中的表现一样，你也要学会掌控自己职业生涯的发展方向。当你接受了某份工作，你要确保这个岗位与你的职业目标之间有着兼容性。

4．我能否融入公司的团队和企业文化？

你是否欣赏你上司的行事风格？你是否喜欢你的同事？你是否喜欢你的下属？工作不仅仅只是工作职能，它还包括其他员工营造出来的氛围。也许，你满足了目标岗位所有的要求，时刻准备着迎接工作带来的新挑战，但是，你无法容忍公司中的某些人，那么，你认为自己能在这个公司工作多久呢？

5．公司支付的薪水是否足够养活自己？

目标岗位是你非常喜欢的，但是薪水不足以支付你的房租或者房贷，那么，你将面临一段艰难无比的生活。当然，最关键的原因就是你根本没有考虑自己的经济状况。

6．在这个公司上班，我是否会觉得稳定？

如果你的目标岗位的薪水是现在的两倍，那当然很好。如果公司的股票行情很好，你还会因此多赚一笔。如果你没有给自己提出这个要求的话，一个月后，你很可能再次踏上求职之路。根据公司的运作情况，对其赔偿金计划做出评估。如果你的目标公司即将破产，那么就算给你的薪水很高，很可观，也一定不要接受工作邀请。

如果对于以上6个问题你都进行了如实的回答，而且都是肯定的回答，这就说明你已经做好了接受这份工作的心理准备。下面这14个问题，帮你检视自己所做的决定是否正确。

7．根据自己的资质、技能、工作经验，若想成为公司重要的一员，你觉得自己在哪些方面还有所欠缺？

你的回答很可能是否定的。当然，如果你某个方面的资质没有达到要求，将无缘面试。不过，我们还是可以通过这个问题了解面试官心中可能存在的某些顾虑，这是非常不错的。

8．接下来的几年中，你的奋斗目标是怎样的？

你可以向人力资源经理或者工作人员提出这个问题。如果在面试前你仔细想过这个问题，你就会给出令人满意的答案。

9．你认为公司在近几年内是否会出现大规模的裁员？如果确实存在这方面的可能性，将会对我们部门产生怎样的影响？

虽然广招人才是公司发达的标志，但是，近几年很多公司都在很短的时间内招收了过多的员工……导致这些公司不得不在几年后大规模裁员。当然，并不是每一个面试官都能够预测公司未来的情况，但是，你对产业发展情况的调查，以及面试官的回答，会让你对公司今后几年内是否会出现裁员的情况做出比较准确的判断。

10．你能够为我描述一下这个岗位一天的工作内容？

面试官的答案通常能够帮助你消除对某些岗位本身的误解。你可以通过对面试官的提问了解工作对出差的要求，远距离工作（在家里通过使用与工作单位连接的计算机终端）的要求，以及其他交流活动等方面的要求。如果你喜欢互动性比较强的工作，那么你一定想要知道目标岗位是否会将你牢牢捆绑在办公室中，而所有的沟通都是通过电子邮件或者面对面的会议进行的，你办公室的电话也一直响个不停。

11．工作从何而来？是什么原因促使公司设置了这个新岗位？

设置新的岗位意味着公司的发展态势良好。发展壮大中的公司是求职者最钟爱的公司类型。同样，新的职位也意味着岗位职责的描述并不是那么明确。另外，如果你发现你应聘的岗位连续三个员工辞职或者被公司炒了鱿鱼，那么，你就要特别小心。

12．我所在岗位的工作业绩的衡量标准是什么？部门业绩的衡量标准是什么？

如果你应聘的岗位提供的报酬与你预期的薪酬存在比较大的差距，那你就要特别注意公司业绩考评标准，这样你才能了解公司奖金发放和升职制度。面试官的答案通常会包含对你的期望值以及你在部门中的权利范畴。你还能够了解部门的整体表现会如何影响你的个人业绩。

13．你觉得自己的管理模式是怎样的？

当工作内容、部门情况、公司整体氛围都让你感觉很满意，你所有的问题都得到了解答，但是，你要注意的是，部门领导的管理风格以及企业文化将带给你的影响。你将如何融入这个团体中，是一个值得深入思考的问题。

14．公司当中，哪种类型的员工比较容易升职加薪？

如果面试官描述的员工类型与你的风格相似，那么你就可以用他使用的形容词来形容自己。如果风格相差很远，那么你最好不要牵强附会，免得贻笑大方。

15．能否为我介绍一下公司的组织架构以及各个部分或职位的主要职责？

如果你确定自己对目标岗位有着浓厚的兴趣，你肯定想要了解一下部门运作的情况、工作岗位本身、员工等细节的信息。这些问题的答案可以帮你补充对公司的了解，了解一下公司成立时间、你的上司、你的下属，以及你需要如何融入到这个新的环境中去等问题。

16．你最希望公司哪些现状得到改变？

如果面试官问了这个问题，你要给出自己的解决方案，而且要让面试官相信你有能力将这个计划付诸行动。同时，你会在公司中发挥自己的技能与才干。通过面试官的回答你还能够了解你的目标岗位存在哪些问题。

17．你是否对我某方面的能力存在着一定的担心，并因此犹豫是否招聘我？

这个问题能够确切体现你对这份工作的兴趣，让面试官觉得你是在帮助他们解决问题，而不是一再地推销自己。当然，有的时候难以把握自信与自傲之间的尺度。要根据面试的具体情况，调整语气中隐含的霸气。如果你与面试官很合得来，聊天的过程非常愉快而且顺利，那么就完全不必在面试结束时表现出担忧。

18．据你估计，面试结果会在什么时候公布？岗位空缺会在什么时候填补？

如果你要求面试官在特定的期限内，或者更糟糕的是立刻给出公布结果的日期，那你可能会输得很惨。这个问题可以再一次表达出你对这份工作的兴趣。如果你告诉面试官这个问题提出的原因是你想退掉其他工作的邀约，那一定会为你加分。

19．在我入职前，公司是否有大型的活动？我能否参加？

活动的规模越大，给你带来的好处就会越多。你将看到你未来的上司、同事、下属在工作之外的样子。（如果他们在社交场合表现得古板不自在的话，你一定能够看出来。）所以，如果公司恰好举办了野餐，那真是太好了。如果在你做出最终的决定前，能够有机会参加这样的活动，那你一定会收益很多。如果公司恰好举办了新闻发布会或者其他的酒会活动，你也可以主动要求参加。多注意一下同事们在工作场合谈论的内容，判断一下这与面试官在面试中的内容是否一致。这对你是否决定接受工作邀约有着重要的意义。

20．为了更好地胜任我的工作，我要做哪些准备工作？

这个问题会让面试官觉得自己做的决定是多么英明睿智！看，这是一个多么热情澎湃的新员工！多么有激情！多么有创造力！

图书在版编目(CIP)数据

赢面试：101种问答玩转面试难题 / (美)罗恩·弗莱著；付文博译. —武汉：武汉大学出版社，2017.8

ISBN 978-7-307-19411-3

Ⅰ.赢… Ⅱ.①罗… ②付… Ⅲ.职业选择—基本知识 Ⅳ. C913.2

中国版本图书馆CIP数据核字（2017）第143994号

责任编辑：崔 瑶　　责任校对：张 伟　　版式设计：刘珍珍

出版发行：**武汉大学出版社**　（430072 武昌 珞珈山）
（电子邮件：cbs22@whu.edu.cn 网址：www.wdp.com.cn）
印刷：三河市京兰印务有限公司
开本：880×1230 1/32　印张：8.5　字数：106千字
版次：2017年8月第1版　2017年8月第1次印刷
ISBN 978-7-307-19411-3　定价：39.00元